# 딥시크

## 인공지능총서

인공지능 시대입니다. 기계가 인간의 인지를 대신하고, 사물이 인간을 통하지 않고 다른 사물과 직접 커뮤니케이션합니다. 이에 따른 인간 삶과 문명 변화를 정확히 이해·예측·대응하는 것은 이 시대 우리 모두의 과제입니다. 인공지능총서는 인공지능 기술과 환경의 여러 주제를 10가지 키워드로 정리합니다. 관련 개념과 이론, 학계와 산업계의 쟁점, 우리 일상의 변화를 다룹니다. 인간과 기술의 현재, 미래를 세심히 분석합니다.

## 일러두기

- 인명, 작품명, 저서명, 개념어 등은 한글과 함께 괄호 안에 해당 국가의 원어를 병기했습니다.
- 국립국어원의 외래어표기법에 따르면, 중국어 표기는 인명의 경우 1911년의 신해혁명을 기준으로 그 전 시대의 과거 인물은 한자음으로 적고, 이후의 현대인은 현지음으로 적되 필요한 경우 한자를 병기하도록 되어 있으며, 중국 지명도 현재 쓰이지 않는 역사 지명에 한해 기존 한자음으로 표기토록 규정했습니다. 이에 기본적으로 현행 어문규정의 외래어표기법을 따르되 경우에 따라서는 관용적 표기를 따랐습니다.

처음이세요?

전문가세요?

# 딥시크

이상우

대한민국, 서울, 커뮤니케이션북스, 2025

**딥시크**

지은이 이상우
펴낸이 박영률

초판 1쇄 펴낸날 2025년 9월 30일

커뮤니케이션북스(주)
출판 등록 2007년 8월 17일 제313-2007-000166호
02880 서울시 성북구 성북로 5-11
전화(02) 7474 001, 팩스(02) 736 5047
commbooks@commbooks.com
www.commbooks.com



ISBN 979-11-430-1297-5 03500

책값은 뒤표지에 표시되어 있습니다.

# 차례

## 딥시크를 생각한다

"사회주의는 몰락한다." 20세기를 대표하는 경제학자 프리드리히 하이에크(Friedrich A. Hayek)는 1944년 출간한 《노예의 길(The Road to Serfdom)》에서 사회주의의 몰락을 예견했다.

당시 서구의 자본주의 국가들은 여전히 세계 경제 대공황의 충격에 휘말려 있었고, 자본주의의 실패를 극복하기 위해 다양한 사회주의적 복지 정책을 추진했다. 1945년 나치 독일의 패망 이후 실시된 영국 총선에서 제2차 세계대전을 승리로 이끈 전쟁 영웅 윈스턴 처칠(Winston Churchill)의 보수당을 누르고 노동당 당수인 클레멘트 애틀리(Clement Attlee)가 총리로 선출되었는데, 그 배경에는 애틀리가 공약으로 제시한 사회 복지 정책이 전쟁으로 피폐해진 영국 국민의 마음을 파고들었다는 점이 있다. 이처럼 영국 등 자본주의를 대표하는 서구 선진국에서는 사회주의 계획 경제나 국가의 강력한 경제 개입이 종전 이후에도 필요하다는 주장이 힘을 얻고 있었다.

하이에크는 이러한 흐름이 경제적 자유를 억압하고 정치적 자유마저 파괴할 수 있다고 경고하며, 이러한 사회주의 계획 경제를 일컬어 '노예의 길'이라 칭했다. 경제적 자유와 정치적 자유는 불가분 관계이며, 시장 경제의 자유가 사라지면, 언론, 사상, 집회 등 정치적 자유도 사라진다고 보았다. 계획 경제는 필연적으로 권력 집중을 초래하기 때문에 국가의 자원을 배분하는 소수의 권력자가 국민 삶 전반을 통제하게 되고, 공공의 이익을 명분으로 시작한 계획 경제는 점차 권위주의와 강압 정치로 변질될 수 있음을 경고했다. 결국 개인의 선택과 경쟁을 보장하는 자본주의가 혁신과 번영을 이끈다고 보았다.

《노예의 길》은 자유주의 고전(古典)으로 손꼽힌다. 짧은 지면 안에 이 책의 학술적 의의를 모두 열거할 수는 없겠지만, 저자인 하이에크가 1974년 노벨 경제학상을 수상했으며, 1980년대 마거릿 대처(Margaret Thatcher) 영국 총리와 로널드 레이건(Ronald Reagan) 미국 대통령 등 신자유주의(정부의 역할을 최소화하고 자본가의 자유를 극대화하려는 사상) 성향의 지도자에게 큰 영향을 주었다는 사실은 학술적 가치를 방증한다. 이 책이 높이 평가받는 또 다른 이유는 사회주의 몰락을 정확히 예견했기 때문이다. 출간 후 40여 년이 지난 1980년대 후반, 공산권은 붕괴했고, 1991년 소비에트 사회주의 공화국 연방(소련)은 해체되었다.

우리의 시선은 이제 자연스럽게 중국으로 향한다. 지구상에 얼마 남지 않은 사회주의 국가(중국, 베트남, 쿠바, 북한 등)의 대표 격인 중국에게도 하이에크의 혜안(慧眼)이 증명될 수 있을지 초미(焦眉)의 관심사다.

## 피크 차이나

영원할 것 같던 소련이 1991년 12월 26일 부지불식간(不知不識間)에 사라졌다. 물론 고스플란(Gosplan, 정식 명칭은 '국가계획위원회'이며 1921년 설립되어 소련의 국가 경제를 계획·통제한 핵심 기관이다)을 중심으로 한 소련의 중앙 계획 경제의 비효율성 문제는 이미 여러 곳에서 드러나고 있었다. 시장의 자율성과 경쟁이 부족하여 자원이 낭비되었고, 공급과 수요의 불일치로 인한 상품의 부족이나 과잉 생산 문제가 발생했다. 또한 기업과 개인의 창의성과 혁신이 제한되었기 때문에 기술 혁신이나 효율성 증대가 어려웠고 경제적 동기 부여도 부족했다. 실제 소련의 실질 국내총생산(Gross Domestic Product, GDP) 성장률은 1965년부터 1980년까지 연평균 6.5퍼센트 정도였지만, 1980년부터 1985년까지는 1.8퍼센트밖에는 되지 않았다(로버트 L. 하일브로너 & 윌리엄 밀버그, 2020).

이러한 비효율성을 제거하기 위해서 1985년 미하일 고르바초프(Михаи́л Горбачёв)는 개방(글라스노스트, гла́сность) · 개혁(페레스트로이카, перестро́йка) 정책을 추진했다. 경제 체제를 근본적으로 개혁하고자 한 고르바초프의 계획은 정치적 통제를 점진적으로 완화하면서 시장 매커니즘을 들여온다는 것이었다. 하지만 그 계획은 소련의 정치 · 경제를 급격한 혼란 상태로 몰고 갔으며, 1991년 8월 19일 소련 공산당 보수파 세력은 고르바초프의 개방 · 개혁 정책을 비판하며 쿠데타를 일으켰다. 시민들의 저항으로 쿠데타는 실패했지만 소련의 몰락까지 막아 낼 수는 없었다.

이러한 경험이 겉으로 보기에는 공고해 보이는 중국 역시 한순간에 무너져 버릴지 모른다는 확신을 심어 주게 되었다. 대표적인 것이 '피크 차이나(Peak China)'다. 피크 차이나란 중국의 성장세가 정점(peak)을 찍고 내리막길에 이르렀다는 것으로, 중국이 이미 경제, 정치 체제의 구조적 한계에 도달했다는 것이 주된 근거다. 2022년 미국의 정치학자 마이클 베클리(Michael Beckley)와 할 브랜즈(Hal Brands)의 저서 《중국은 어떻게 실패하는가(Danger Zone: The Coming Conflict with China)》는 중국 인구가 2022년 정점에 달한 후 감소하기 시작했고, 생산 가능 인구(15~64세) 비중이 급속히 하락하고 있지만, 노동자의 1인당 생산량은 예상만큼 증가하지 않고 있음을 지적했다. 2023년 《중국필패(The Rise and Fall of the EAST)》를 출간한 야셍 황(Yasheng Huang) 매사추세츠공과대학(Massachusetts Institute of Technology, MIT) 교수는 혁신 없는 대국은 무너지고 중국은 필패할 것이라 경고한 바 있으며, 영국 시사 주간지 《이코노미스트(The Economist)》도 2023년 세계 경제를 전망하면서 피크 차이나론을 제기한 바 있다.

하지만 아직은 정점을 지나진 않은 것으로 보인다. 최소한 경제 지표는 그렇게 말하고 있다. 소련이 붕괴된 1991년 중국의 GDP는 3850억 달러 수준으로 전 세계 순위 기준 10위권 밖이었다. 2001년 국제무역기구(World Trede Organization, WTO) 가입 이후 연평균 9.5퍼센트의 고도성장을 이뤄냈으며, 코로나19 팬데믹에도 성장 기조를 유지했다. 2010년 일본을 제치고 세계 2위 경제대국 자리를 차지했고 2024년 GDP는 18.7조 달러로 예상된다. 이는 미국 GDP의 약 68.5퍼센트에 달하는 규모로 1985년 플라자 합의(미국 · 일본 · 서독 · 프랑스 · 영국이 달러 가치를 인위적으로 낮추고 엔화·마르크화 가치를 올려 미국의 무역 적자를 줄이려고 한 환율 조성 협정)가 있었던 해의 일본 GDP가 미국 GDP의 약 31.8퍼센트였음을 감안하면, 같은 2위라도 그 위상은 다르다.

《노예의 길》에 따르면 사회주의 계획 경제는 태생적인 문제를 지니고 있다. 특히 경제적 동기 부여에 한계가 있다는 점은 인간 본성에 어긋난다. 태고부터 인간이 지니고 있던 본성에 변화가 있던 것이 아니라면, 중국도 여타 사회주의 국가와 같은 길을 걸었어야 했다. 하지만 아직 몰락하지 않다는 사실(현재까지 그러한 소심은 보이지 않는다)은 하이에크가 몰락을 예견했던 사회주의 계획 경제와 중국의 것을 동일시할 수 없음을 방증한다.

## 시장 경제와 국가 자본주의

그렇다면 중국은 언제부터 다른 길을 걷게 되었을까. 이 변곡점에 다시 한번 하이에크가 등장한다. 1976년 마오쩌둥(毛泽东) 사망 후 이듬해인 1977년 복권(復權)된 덩샤오핑(邓小平) 앞에는 문화대혁명(文化大革命)의 상흔(傷痕)을 극복해야 하는 과제가 놓여 있었다. 1958년부터 1960년까지 진행된 대약진(大跃进)운동으로 파탄난 경제는 문화대혁명(1966~1976년)으로 악화일로(惡

**그림 0-1.** 이코노미스트 표지.

출처: The Economist(2023.5.11.). Is Chinese power about to peak?

化一路)를 걷고 있었다. 1978년 덩샤오핑은 하이에크를 만나 중국 인민을 먹여 살릴 방법을 물었고, 하이에크는 시장 경제를 도입하라고 조언했다. 정부가 생산량을 정해 주는 것이 아니라, 시장에 참여한 사람들이 각자 개인의 경제적 이익을 위해 생산하도록 제안했다. 덩샤오핑은 하이에크의 조언을 받아들였고, 중국은 '흑묘백묘론(黑猫白貓論)'으로 대변되는 실용주의 노선을 걷게 되었다. 시장 경제를 받아들인 중국은 미국과 함께 G2(Group of Two)라는 경제적 위상을 얻게 되었다.

반면 최근 미국은 중국 공산당이 주도하는 '국가 자본주의(State Capitalism)'와 비슷하게 변화하고 있다는 평가를 받고 있다. 국가 자본주의는 정부가 시장에 적극 개입하거나 주요 기업을 직접 소유·통제하면서 이윤과 경제 성장을 추구하는 시스템으로 중국의 국영기업과 러시아의 에너지 기업 등을 예로 들 수 있다[공산권에서는 '신경제 정책(New Economic Policy, NEP)'이라고도 불렸으며 1921년 블라디미르 레닌(Владимир Ленин)이 추진한 바 있다]. 2025년 8월 11일 미국《월스트리트저널(The Wall Street Journal, WSJ)》은 도널드 트럼프(Donald Trump) 미국 대통령 집권 2기 정책에 대해 사기업의 결정을 국가가 이끄는 사회주의와 자본주의의 혼합형이라고 규정하며, 중국 공산당이 주도하는 국가 주도형 시장 경제와 비슷하다고 보도했다. 《월스트리트저널》은 엔비디아(Nvidia)와 AMD에 중국 매출의 15퍼센트를 미국 정부에 납부하도록 한 것, 중국 연계 의혹이 제기된 인텔 최고경영자(Chief Executive Officer, CEO)에 대한 사임을 요구한 일 등을 예로 들며, 중국이 민간 기업에 깊숙이 개입하는 구조와 트럼프의 정책이 근본적으로 유사함을 지적했고, 이러한 변화는 공산당의 주도 아래 고속 성장 중인 중국에 비해 미국이 '민주주의의 비효율'에 발목이 잡혀 있다는 트럼프의 인식에 기인한다고 분석했다(WSJ, 2025.8.11).

소련의 사회주의 계획 경제의 문제점을 지근거리(至近距離)에서 지켜본 중국이 시장 경제를 도입한 것은 불가피한 선택이라 할 수 있다. 하지만 미국의 움직임은 어떻게 보아야 할까. 주시하다시피 미 · 중 패권 경쟁은 심화되고 있으며, 그 중심에는 인공지능(Artificial Intelligence, AI)이 있다. 미국, 중국 등 전 세계 주요국은 국가 AI 경쟁력 확보에 사활을 걸고 있다. 우리나라도 자국 기술력으로 AI 모델을 개발하고, 국내 중심으로 연산 자원과 클라우드 인프라를 확보해 우리 국민의 데이터를 국내에서 보호하고자 하는 '소버린 AI(Sovereign AI)' 정책이 추진되고 있다.

다만 국가 AI 경쟁력을 제고하기 위해서는 AI를 학습시키는 데이터와 개인정보의 활용, 반도체를 중심으로 한 AI 인프라 구축, 산발적인 기술 혁신의 융합 그리고 AI 관련 입법 및 정책 등이 뒷받침되어야 한다. 그렇기 때문에 알파벳(Alphabet), 아마존(Amazon), 애플(Apple), 메타(Meta), 마이크로소프트(Microsoft), 엔비디아, 테슬라(Tesla), 이른바 '매그니피센트 7(Magnificent Seven, M7)으로 대표되는 미국의 '빅테크(Big Tech)'라 할지라도 독단적으로 추진할 수 없으며 국가와 함께해야 한다. 중국을 겨냥한 미국 전략의 핵심은 '스타게이트(Stargate)' 프로젝트다. 2025년 1월 21일 공개된 동 프로젝트는 향후 4년 동안 약 5000억 달러를 투자해 AI 인프라를 구축하는 것을 주요 골자로 하고 있다. 오픈AI(OpenAI), 소프트뱅크(SoftBank) 등이 참여하며, 미국은 보편 관세를 무기 삼아 자국에 생산 시설을 짓도록 하는 강력한 '리쇼어링(reshoring)' 정책을 펴며 동맹국에게 프로젝트에 참여토록 압박하고 있다. 또한 트럼프 행정부는 프로젝트 지원을 위한 규제 완화를 위해, 조 바이든(Joe Biden) 전 미국 대통령의 AI 개발 · 배포 통제에 관한 행정명령을 철폐했다. 전통적으로 민주당 지지 성향이 강했던 미국

실리콘밸리 기업인들이 제47대 대선에서 트럼프 공화당 후보 지지세가 높았던 이유도 이와 무관치 않다.

## 스푸트니크 모먼트

이 같은 미국의 기민하고 과감한 움직임의 중심에 딥시크(DeepSeek, 深度求索)가 있다고 해도 과언은 아니다. 딥시크는 1985년생 광둥성(广东省) 출신인 량원펑(梁文锋)이 2023년 7월 항저우(杭州)시에 설립한 중국 AI 기업이다. 2024년 12월에 발표한 딥시크-V3(DeepSeek-V3)가 서구권에서 개발된 대규모 언어 모델(Large Language Model, LLM)과 비견할 수 있는 성능을 보여 이미 많은 주목을 받았다. 스타게이트 프로젝트가 발표되기 하루 전에 공개된 추론 모델 딥시크-R1은 출시 일주일 만에 미국 애플 앱스토어 무료 앱 다운로드 순위에서 오픈AI의 챗GPT(ChatGPT)를 제치고 1위에 올라 전 세계를 충격에 빠뜨렸다.

우선 일부 성능 테스트에서 R1은 오픈AI가 2024년 9월 출시한 o1 모델을 앞선 것으로 나타났다. 미국 수학 경시대회인 AIME 2024 벤치마크 테스트에서 R1은 79.8퍼센트를 얻어 o1의 79.2퍼센트를 앞섰으며, 코딩 부문 라이브벤치 평가 결과에서 R1은 65.9퍼센트의 정확도를 기록해 o1의 63.4퍼센트보다 높은 성적을 기록했다. 무엇보다 놀라운 점은 R1의 압도적인 가성비였다. 딥시크가 공개한 보고서에 따르면, V3 개발 비용은 약 557만 달러로 이는 오픈AI의 투자 비용 대비 약 5.6퍼센트에 불과한 금액이었다. 또한 가성비와 함께 놀라움을 안긴 것은 딥시크의 모델이 오픈소스(Open Source)라는 점인데, 량원펑이 "전 세계에 '인공일반지능(Artificial General Intelligence, AGI, 인간 수준의 사고가 가능하여 인간이 할 수 있는 어떠한 지적인 업무도 성공적으로 해낼 수 있는 AI)'을 오픈소스로 제공하는 것이 목표"라고 밝힌 바와 같이, 딥시크의 AI 모델은 MIT 라이선스 기반 오픈소스로 공개돼 접근과 사용이 자유롭다(미국 빅테크가 공개한 대다수의 AI 모델은 폐쇄형이며, 2025년 8월 5일 오픈AI는 폐쇄형과 개방형의 중간 단계인 오픈 웨이트 모델을 공개하여 딥시크와 같이 개방 전략을 취한 경쟁 모델과의 생태계 확보 경쟁에서 밀리지 않겠다는 의지를 보여 줬다).

딥시크의 충격을 스푸트니크 모먼트(Sputnik Moment)에 빗대어 딥시크 모먼트(DeepSeek Moment)라 부른다. 스푸트니크, 정확히는 스푸트니크 1호는 1957년 10월 4일 소련이 세계 최초로 쏘아 올린 인공위성으로, 당시 기술 수준으로 보면 인공위성 자체가 큰 위협이 되진 않았다(물론 적국이 머리 위에서 지켜보고 있다는 것만으로도 공포감을 주기에는 충분했다). 중요한 것은 발사체였는데, 스푸트니크를 궤도에 안착시킨 것은 1957년 4월 소련이 세계 최초로 개발한 대륙 간 탄도 미사일(Inter-Continental Ballistic Missile, ICBM) R-7 로켓이었다. 1957년 당시 양국 모두 핵을 보유하고 있었지만(미국은 1945년, 소련은 1949년 핵 개발을 성공했다), 폭격기가 대공 방어를 뚫고 핵폭탄 투하에 성공할 가능성은 매우 희박했다. 하지만 스푸트니크의 성공은 이제 미국을 포함한 서방 전역이 소련의 핵미사일 공격에 사실상 무방비로 노출되었음 의미했다. 소련의 R-7 로켓은 나치 독일의 V2(Vergeltungswaffe 2) 로켓을 기반으로 했고, 미국은 제2차 세계대전 이후 실시된 나치 독일 주요 인사 포섭 작전(Operation Paperclip)을 통해 V2 로켓 개발자인 베르너 폰 브라운(Wernher von Braun)도 확보해 놓은 상황이었다. 또한 핵 개발 프로그램(Manhattan Project)과 마찬가지로 우주항공 기술 개발도 엄청만 재원이 필요하기 때문에 전후(戰後) 전 세계 GDP의 절반 가까이를 차지하던 미국이 경쟁 우위에 있다고 생각했으나 이 모든 것이 뒤집어진 것이다(당시 소련의 경제력으로는 독자적인 핵 개발 비용을 오롯이 감당할 수 없었기 때문에 스파이를 활용했나).

이 충격은 미국의 과학기술 정책을 크게 변화시켰다. 1958년 7월 미국 '항공우주국(National Aeronautics and Space Administration, NASA)'을 설립하고 폰 브라운에게 실질적인 연구 책임자 역할을 맡겼으며, 캘리포니아 공과대학(California Institute of Technology, Caltech) 소속 '제트추진연구소(Jet Propulsion Laboratory, JPL)'를 산하 기관으로 편입했다. 또한 학교에서는 과학 · 기술 · 공학 · 수학(Science, Technology, Engineering, and Mathematics, STEM) 교육을 강화했다. 이러한 배경에서 스푸트니크 모먼트는 경쟁자가 예상보다 빠르게 혁신을 이루었을 때, 이를 계기로 더 큰 기술적 도약을 시도하는 순간, 즉 위기감이 혁신을 촉진하는 계기가 되는 순간을 의미한다. 스푸트니크는 충격과 공포의 대상이었지만, 결국 미국이 기술 패권 체제를 구축하는 촉매제로 작용했다.

## 딥시크 모먼트

그렇다면 왜 우리는 AI 시대에 다시 한번 스푸트니크 모먼트를 맞이하게 되었을까. 다양한 원인이 있겠지만, 근본적으로는 중국의 과학기술 수준이 아직 부족하다는 '오만'과 중국 관련 지표를 불신하는 '편견' 때문이다. 사실 중국은 몇 년 전부터 AI 분야의 논문, 특허에서 괄목할 만한 성과를 내며 두각을 나타내고 있었다.

2025년 7월 3일 '유엔산업개발기구(United Nations Industrial Development Organization, UNIDO)' 산하기관이 발표한 '글로벌 AI 리서치 상황 보고서(Global AI Research Situation Report)'에 따르면, 2015년부터 2024년까지 AI 분야의 권위 있는 학술지에 발표된 논문은 9만 6961편이다. 연구자 20만여 명을 대상으로 분석한 결과, 누적 논문 발표 수에서 미국은 3만 5117편(40.9퍼센트)으로 1위를, 중국은 3만 1694편(36.9퍼센트)으로 2위를 차지했다. 특히 중국은 2023년 6276편을 발표하며 5193편에 그친 미국을 처음으로 앞질렀고, 2024년에도 5865편으로 미국(3201편)을 넘어섰다(머니투데이, 2025.7.27).

또한 미국 '정보기술혁신재단(Information Technology and Innovation Foundation, ITIF)'이 2024년 8월 26일 공개한 '중국은 AI 분야에서 얼마나 혁신적인가?(How Innovative is China in AI?)' 보고서에 따르면, AI 특허 보유 건수에서도 중국이 미국을 크게 앞선 것으로 나타났다. 2010년부터 2022년까지 중국은 총 11만 5000건의

특허를 출원해 이 중 3만 5000여 건을 등록받았으나, 같은 기간 미국은 2만 7000여 건을 출원해 1만 2000여 건을 등록받는 데 그쳐, 정량적 측면에서 중국에 미치지 못했다. 또한 2025년 6월 미국 하버드대 케네디스쿨 벨퍼 센터(Harvard Kennedy School's Belfer Center)가 발표한 '주요 첨단 기술 경쟁력 지수(Critical and Emerging Technologies Index)' 보고서는 중국이 AI 관련 인적 자원에서 미국보다 우위라고 분석했다(ITIF, 2024).

이러한 성과가 발표될 때마다, 논문과 특허의 질적 수준이 미국이나 유럽에 미치지 못하며, 자기 인용이나 중국 내 대학-기관 간의 '밀어주기' 관행으로 인해 인용 수만 부풀려졌다는 비판이 제기되어 왔다. 이는 과거 소련 경제 붕괴와 유사하게, 사회주의 국가에서는 시스템이 불투명하고 데이터 조작이 빈번하다는 편견이 자리 잡고 있었기 때문이다.

그러나 딥시크의 성과는 오히려 미국 전문가들로부터 가장 먼저 높은 평가를 받았다. 실리콘밸리의 대표적 벤처투자가 마크 앤드리슨(Marc Andreessen)은 R1을 "AI의 스푸트니크 모먼트"라고 평가했고, 오픈AI 공동 창업자 안드레이 카르파티(Andrej Karpathy)는 적은 예산으로 최첨단 대형 언어 모델을 공개한 점을 '놀라운 성과'라고 극찬했다. 특히 딥시크는 미국의 오픈AI나 구글처럼 AI 모델의 작동 방식을 공개하지 않는 '폐쇄형 모델'과 달리, 개발 과정에서 필요한 소스 코드를 누구나 무료로 활용할 수 있는 오픈소스 방식을 채택했다. 이를 통해 처리 과정과 결과의 투명성을 높이고, 외부 개발자와 기업을 협업에 참여시켜 국제 협력의 기반을 마련했다.

스푸트니크가 충격을 주었던 1957년은 정보를 얻을 수 있는 방법이 마땅치 않았다. 인터넷은 당연히 없었고 정부 내 전산망도 갖춰져 있지 않았기 때문에 제대로 된 현황을 파악할 수 있는 방법이 없었다. 하지만 2025년은 그렇지 않다. 국가 기밀, 산업 기밀이야 당연히 접근이 제한되지만 딥시크가 던져준 충격은 우리가 공개된 데이터만 제대로 확인했어도 오만과 편견을 억제하고 받아들였다면 충분히 예측할 수 있었다. 지금이야 딥시크가 생성형 AI(Generative AI) 서비스의 하나로 치부되고 있기 때문에 무슨 큰일인가 하지만, AI를 대표로 한 첨단 과학기술 분야에서 현실을 제대로 파악하지 못한다면 종국에는 국가 안보의 위기 상황을 맞이할 수도 있다. 이에 이 책은 딥시크 모먼트를 통해 우리가 중국을 제대로 바라볼 수 있는 시각을 제시할 것이다.

## 시진핑 시대의 의법치국

딥시크는 다양한 관점에서 분석될 수 있다. 기술적 관점에서는 성능이나 열위를 평가할 수 있고, 사용자 관점에서는 서비스 차별성을 비교할 수 있다. 그러나 AI 기술의 변화 속도를 고려할 때, 이러한 접근만으로는 딥시크를 올바로 이해하는 데 한계가 있다. 따라서 이 책은 딥시크를 '법(法)'의 관점에서 조망하고자 한다. 이때 법은 넓은 의미에서 정책도 포함한다. 물론 법을 제대로 이해하려면 시대적 · 사회적 맥락을 함께 고려해야 하므로, 앞서 살펴본 사회주의 계획 경제를 비롯한 배경 지식을 통해 몇 가지 관점을 보완할 것이다.

특히 현 시점에서 법은 중국을 분석하는 가장 유용한 도구다. 약 30년 전 의법치국(依法治国)이 등장한 이래, 2012년 시진핑(习近平) 집권 이후의 중국은 '법에 의한 통치', 즉 의법치국이라는 중국식 법치주의(法治主義)로 운영되고 있기 때문이다. 중국 공산당은 1997년 9월 제15차 전국대표대회에서 '의법치국'과 '사회주의 법치국가(法治国家)' 수립을 당 방침으로 결정했으며, 1999년 3월 제9기 전국인민대표대회(전인대)에서는 「헌법」에 "중국은 의법치국을 실행하고 사회주의 법치국가를 건설한다"를 국가 방침으로 공식화했다. 시진핑 집권이 시작된 2012년 제18차 전국대표대회에서는 '법에 의한 치국의 전면적인 추진'이 보고되는 등 의법치국이 강조되었고, 2014년 10월 제18기 4중 전회에서는 '의법치국을 전면적으로 추진함에 관한 중대 문제 결정(中共中央关于全面推进依法治国若干重大问题的决定)'이 통과되었으며, 2020년 의법치국공작회의에서는 중국식 법치국가 건설을 위한 열한 가지 핵심 사항이 제시되는 등 법치의 중요성이 재확인되었다(이상우, 2023).

우리에게 인치(人治)의 나라로 알려진 중국이지만 덩샤오핑은 일찍이 지켜야 할 법이 있어야 한다는 '유법가의(有法可依)'를 강조했다. 시진핑 정부는 '의법치국'이라는 표현으로 법에 따른 국가 통치를 강조하고 있다. 하지만 아직 다른 한편에는 "중국에서는 법대로 되는 것이 하나도 없고, 담당자의 말 한마디에 정책이 손바닥 뒤집듯이 바뀐다"라는 말이 나오기도 한다(허욱, 2021). 다만 분명한 점은 지난 10여 년간 강조된 의법치국으로 인해 중국은 법에 근거한 정책 추진이 이루어졌고 중국의 과학기술 분야 역시 법과 정책으로 이해할 수 있는 공간이 열렸다. 따라서 이 책은 '법'을 도구로 활용하여 딥시크의 탄생 배경과 발전 과정을 이해하고 중국 AI를 바로보기 위한 시각을 제공할 것이며, 궁극적으로는 우리나라가 AI 3대 강국으로 발돋움할 수 있는 단초를 제공하고자 한다.

## 참고문헌

김대종(2019). 하이에크와 중국 市場經濟. 《자유와 시장》.

머니투데이(2025.7.27). "AI 인재 절반은 중국에"…젠슨황의 말. 립서비스가 아니네[차이나는 중국].

이상우(2023). 중국 데이터 법제와 정책 방향에 관한 고찰. 《법과 정책》.

조선일보(2025.7.14). 상위 AI 모델 25퍼센트 중국서 개발… 美-中 양강 구도 고착.

허욱(2021.1.31). 의법치국(依法治国), 중국식 법치주의, 《조선비즈》.

로버트 L. 하일브로너·윌리엄 밀버그(2020). 홍기빈 옮김. 《자본주의: 어디서 와서 어디로 가는가(The Making of Economic Society)》. 미지북스.

마이클 베클리·할 브랜즈(2023). 김종수 옮김. 《중국은 어떻게 실패하는가: 미중 패권 대결 최악의 시간이 온다》. 부키.

야성 황(2024). 박누리 옮김. 《중국필패: 시험, 독재, 안정, 기술은 어떻게 중국을 성공으로 이끌었고 왜 쇠퇴의 원인이 되는가》. 생각의힘.

프리드리히 A. 하이에크(2024). 김이석 옮김. 《노예의 길: 사회주의 계획경제의 진실》. 자유기업원.

ITIF(2024). How Innovative Is China in AI?. https://www2.itif.org/2024-chinese-ai-innovation.pdf

The Economist(2023.5.11). Is Chinese power about to peak?.

WSJ(2025.8.11). The U.S. Marches Toward State Capitalism

With American Characteristics.

# 01
# 슬기로운 공대 생활

중국의 수재들은 왜 공대에 열광하는가? 의대 증원을 놓고 사회적 갈등이 지속되고 있는 우리의 입장에서는 중국의 이공계 열풍이 부럽기만 하다. 중국의 대입 제도와 사회주의 체제 아래 의사의 사회 · 경제적 지위 등을 살펴본다.

기후 위기와 인공지능?

## 국내파 공대생 량원펑

딥시크 창업자 량원펑은 저장대학(浙江大学) 전자정보공학과 졸업 후 동 대학 정보통신공학 석사 과정을 졸업한 국내파 공대생이다. 성공한 딥테크(Deep Tech, 높은 기술력을 기반으로 사회에 장기적이고 큰 영향을 미칠 수 있는 기술 분야) 창업자는 으레 서구 선진국에서 유학했을 것이라 생각하지만 량원펑은 순수 국내 토종 공대생이다. 량원펑은 초등학교 교사인 부모님 아래서 자란 수재(秀才)였다. 중국의 대학 수학 능력 시험인 '가오카오[高考, 국가 주관 대학 입시 시험(普通高等学校招生全国统一考试)으로 매년 6월에 시행]에서 고등학교(吴川一中) 수석을 차지하고 저장대 공대에 진학했다(新快报, 2025.1.27).

중국에 익숙하지 않은 독자라면 칭화대학(清华大学)이나 베이징대학(北京大学) 정도는 들어 봤더라도 저장대는 생소할 수 있다. 량원펑의 모교에 대한 이해를 돕기 위해 중국 대학 서열을 간략히 살펴보면 다음과 같다. 일단 우리나라의 'SKY(서울대, 고려대, 연세대)'와 같이 사회 통념적인 요소가 고려되어 대학을 서열화하는 것이 일반적이다. 하지만 중국은 관련 정부 문건을 통해 확인된다. 우선 '985공정(985工程)'이 있다. 1998년 5월 4일,

장저민(江浙民) 당시 국가주석은 베이징대 개교 100주년 기념식에 참석하여 중국의 대학을 세계적인 일류 대학으로 도약시키자는 아이디어를 내놓았고, 이를 '98'년과 '5'월을 조합하여 985공정이라 부르게 되었다. 총 서른아홉 개의 명문 대학으로 구성된 985공정에는 칭화대, 베이징대, 저장대를 포함한 아홉 개 대학이 초기 멤버로 선정되었다. 이후 중국 교육부는 이 아홉 개 대학을 세계 일류 대학으로 건설하겠다는 목표로 2009년 10월 아홉 개 대학의 연합체인 '구교연맹(九校联盟)', 약칭으로 C9을 조직했다. 즉 985공정 서른아홉 개 대학 중 다시 한번 구교연맹으로 선별된 아홉 개 대학이 중국 최고의 명문 대학으로 평가받고 있으며, 중국의 아이비리그로 불린다[구교연맹 중 저장대, 푸단대(复旦大学), 상하이교통대(上海交通大学) 등 다섯 개 대학은 화둥(华东) 지방에 위치하고 있어서 '화둥오교(华东五校)'라고도 불린다].

우리나라 2024학년도 전체 수능 접수자는 약 50만 명이었다(N수생 포함). 중국은 같은 해 약 1300만 명이 응시했다. 구교연맹의 입학 정원은 약 6만 명으로 산술적으로 전국 상위 0.4퍼센트 내에 들어야 합격할 수 있다. 저장대는 앞서 말한 국가 공인 명문대 기준에 모두 포함된다. 특히 저장대가 소재한 항저우는 중국의 대표 빅테크인 알리바바(阿里巴巴)의 본사가 위치하고 있으며, 산학 생태계가 잘 조성되어 있다. 이에 항저우는 중국의 실리콘밸리로 평가받고 있다. 최근 AI로 대표되는 딥테크가 각광을 받고 있으며, 떠오르는 스타트업이 대거 항저우에 위치하고 있다는 점이 반영되어, 공대가 강한 저장대는 칭화대, 베이징대와 함께 구교연맹 중에서도 중국 3대 대학으로 평가받고 있다.

## 공대 vs 의대

그렇다면 왜 량원펑은 공대를 선택했을까. 중학교 시절 담임교사의 회고에 따르면 그는 이미 중학교 때 고등학교 과정을 넘어 대학 수준의 수학을 공부했다고 한다(한국일보, 2025.2.1). 이 사실만 보더라도 그가 수학에 탁월한 재능과 깊은 흥미를 지니고 있었음을 알 수 있다. 따라서 이공계 선택은 자연스러운 귀결이었다고 해석할 수도 있다. 그러나 이는 어디까지나 추측일 뿐, 본인이 직접 밝히지 않은 이상 단정하기 어렵다.

정확히 말하면, 이 질문은 단순히 량원펑 개인의 진로 선택에 관한 호기심에 그치지 않는다. 더 중요한 물음은 "왜 중국의 최상위권 수험생들은 의대가 아니라 공대를 선택하는가"다. 이는 개인적 성향을 넘어 사회 구조와 문화적 맥락이 반영된 현상이다. 한국에서는 전국 수석이 의대에 입학하는 것이 당연한 수순으로 여겨진다. 대학 입시의 최상위 결과가 곧바로 의대로 이어지는 구조가 정착되어 있으며, 지금은 사실상 '의대와 그 외의 학과'라는 이분법적 구도가 굳어졌다. 심지어 유치원 단계에서부터 '의대반'이라는 이름의 사교육 과정이 운영되는 현실은 이를 단적으로 보여 준다(아이뉴스24, 2025.6.18).

반면 중국의 상황은 사뭇 다르다. 중국 각 지방 정부가 발표한 2025년 7월 20일 기준 대학 입시 지원 현황에 따르면, 주요 명문대의 AI 및 컴퓨터 공학 분야에 고득점자들이 대거 몰렸다. 최근 중국 사회에서 AI, 휴머노이드 로봇, 딥테크 기업가와 연구자에 대한 직업적 선망이 확산된 것도 이러한 흐름을 뒷받침한다. 이와 대조적으로 의대 진학 선호도는 뚜렷하게 하락세를 보이고 있다. 《저장일보(浙江日报)》는 "최근 2년간 의대생조차 취업난을 겪고 있으며, 의학은 학업 기간이 길고 업무 강도가 높아 기피 현상이 나타나고 있다"라고 보도했다(연합뉴스TV, 2025.7.22).

이 같은 경향은 최근에만 나타난 현상은 아니다. 전통적으로도 의대는 가오카오 성(省)별 수석인 '장원(状元)'의 선택을 잘 받지 못하는 학과였다. 2007년부터 2016년까지 장원의 진학 통계를 보면, 전자정보공학 47명, 베이징대 자율전공학부(北大元培班) 46명, 건축학 13명, 수학 18명, 생물과학 18명, 컴퓨터 공학 17명, 물리학 13명, 칭화대 수리기초과학반에 이어 의대는 12명에 그쳤다. 한국인의 시각에서는 다소 낯선 결과다.

이처럼 중국의 최상위 수험생들에게 AI, 컴퓨터 공학, 전자 공학 등 첨단 기술 분야를 선택하는 것은 일종의 정석으로 자리 잡고 있다. 다시 말해, 중국에서 전국 수석이 공대에 입학하는 것은 한국에서 전국 수석이 의대로 진학하는 것과 같은 자연스러운 경로로 인식된다. 공대가 곧 최상위 학문의 상징이자 사회적 성공으로 이어지는 지름길로 굳어진 것이다(중앙일보, 2021.5.25).

## 공대 선택의 이유

그렇다면 왜 중국은 한국과 달리 의대보다 공대를 선호하는가. 그 핵심은 사회 구조적 현실에 있다. 중국의 산업 구조 속에서 의사보다 과학기술 인력이 더 높은 사회적 위상과 경제적 보상을 누리기 때문에, 최우수 학생들이 자연스럽게 공대를 선택하는 것이다. 다시 말해, 량원펑의 공대 선택은 개인적 성향을 넘어 중국 사회가 만들어낸 구조적 맥락의 산물이라 할 수 있다.

첫째, 의사의 사회적 지위와 직업에 대한 인식에서 양국은 뚜렷한 차이를 보인다. 중국「헌법」 제21조가 의료를 공공재로 명시하고 있지는 않으나, 사회주의 체제에서는 본질적으로 의료 서비스가 공공재로 이해된다. 따라서 이를 근거로 의료를 정치적 공공재로 해석할 수 있다. 다시 말해, 국가는 국민을 위해 기본적인 의료 서비스를 제공해야 한다는 원칙이 확립되어 있는 것이다.

그러나 중국은 광활한 국토와 산간 오지가 많아 전국적으로 현대적 수준의 의료 서비스를 제공하기 어렵다. 특히 신뢰도 높은 '삼갑의원[三甲医院, 성(省) · 시(市)급 대형 병원이나 의대 부속병원]'이 대도시에 집중되어 있어 지방은 의료 인프라가 부족하고, 서비스 질도 상대적으로 낮다. 이러한 구조적 문제는 불법 행위, 환자 불만, 의사와 환자 간의 갈등을 반복적으로 야기하고 있으며, 의료 직업의 매력을 크게 떨어뜨리고 있다(중앙일보, 2021.5.25).

둘째, 노력 대비 낮은 임금 또한 의대를 기피하게 만드는 요인이다. 중국에서는 대다수 의과대학 졸업생이 개업보다는 공립병원 근무를 선택한다. 이는 공립병원이 안정적 직장으로 인식되기 때문이다. 그러나 공립병원은 정부 정책에 따라 의료 서비스를 공공재로 취급하기 때문에, 수익을 최우선으로 고려하기 어렵다(CSF, 2024.11.27). 실제로 중국 의료계 대표 커뮤니티인 딩샹위안(丁香园)이 2018년 약 1만 5000명의 의사를 대상으로 실시한 설문조사에 따르면, 응답자의 62.2퍼센트가 수입에 불만족을 표시했고, 만족한다고 답한 비율은 7.5퍼센트에 불과했다. 또한 응답자의 약 80퍼센트는 업무 강도가 수입에 비해 지나치게 높다고 응답했으며, 약 60퍼센트는 타 직군으로 이직을 희망한다고 밝혔다(중앙일보, 2021.5.25).

물론 최근에는 고급 의료 서비스를 요구하는 수요층이 형성됨에 따라, 전문 클리닉 운영이나 외국계 기업과의 합자(合资) 병원 설립을 통한 고소득 사례도 나타나고 있다. 그러나 구조적으로 의사라는 직업이 자동적으로 높은 소득과 사회적 지위를 보장해 주지는 않는다. 결국 학생들의 입장에서는 장기간의 학업과 수련에 비해 기대되는 보상이 부족하다는 인식이 강해지고, 이는 의대 진학을 기피하는 원인으로 작용하고 있다.

## 의대 정원 증원과 직업 희소성

수요에 비해 공급이 부족할 경우, 즉 의사 인력을 엄격히 제한하여 면허를 가진 인력이 희소해지면, 의사는 안정적이고 고소득을 얻을 수 있는 직업군으로 자리 잡을 수 있다. 우리나라에서 의사의 소득 수준이 상대적으로 높은 이유로 공급 통제가 지적되며, 실제로 이를 완화하기 위해 의대 정원 증원이 추진된 바 있다(대한민국 정책브리핑, 2024.2.6). 그러나 도서 지역 보건소의 경우 연간 수억 원에 달하는 급여를 제시해도 지원자가 없는 사례가 빈번하다. 이는 주요 도시나 선호 지역에서 이미 충분한 환자를 확보하여 안정적인 수입을 올릴 수 있기 때문에, 일반 직종 기준으로는 파격적인 보수에도 불구하고 인력이 지방으로 유입되지 않는 현상으로 설명된다(동아일보, 2025.8.17).

중국에서도 이와 같은 인력 불균형이 발생한다면 장기적으로 의사의 경제적 대우가 개선될 가능성이 있다. 그러나 현실은 다르다. 2024년 말 기준 중국의 인구 1000명당 의사 수는 이미 3.61명에 이르렀으며, 이는 계속 증가하는 추세다(央视新闻客户端, 2025.8.19). 우리나라에서는 2023년 인구 1000명당 임상 의사 수가 2.66명이었다는 점을 감안하면, 중국의 의사 수가 적지 않음을 알 수 있다(연합뉴스, 2025.7.30). 더 나아가 중국의 의학 관련 학부 졸업생 수는 매년 50만 명을 넘어서고 있으며, 국가의사자격시험(执业医师资格考试)을 통해 매년 약 30만 명의 신규 의사가 배출되고 있다(中国教育在线, 2024.9.13). 14억 인구에 비해 미미해 보일 수 있지만, 중국은 이미 인구 감소 국면에 접어들었기에 향후 의료 인력의 공급 과잉 가능성을 배제할 수 없다.

결국 중국에서 의사는 사회적 위상도 높지 않고, 기대되는 수입은 시간과 노력에 비해 뒤처진다. 더구나 직역의 희소성마저 확보되지 못하기 때문에, 의대 진학은 자연스럽게 매력적인 선택지에서 멀어지게 되는 것이다.

### 참고문헌


대한민국 정책브리핑(2024.2.6). 2025학년도 의대 정원 2000명 증원…"2035년까지 의사 1만명 확충". https://www.korea.kr/news/policyNewsView.do?newsId=148925630

동아일보(2025.8.17). '의사 없는 보건소' 점점 늘어… 바닥부터 흔들리는 '의료 안전망'.

아이뉴스24(2025.6.18). '초등 의대반' 넘어 '유치원 의대반'…'4세고시' 악영향.

연합뉴스(2025.7.30). OECD서 임상의사 두 번째로 적은데…국민 1인 외래진료는 최다.

연합뉴스TV(2025.7.22.). 'AI 열풍' 中 대학입시도 이공계 선호 뚜렷…의대는 인기 급락

중앙일보(2021.5.25). 중국 1등 학생들은 왜 의대 진학을 기피할까.

한국일보(2025.2.1). "딥시크, 중국 국가 주도 벤처와 무관"… '베일 속' 창업자 량원펑은 누구?.

教育部(2018.4.3).
教育部关于印发《高等学校人工智能创新行动计划》的通知. http://www.moe.gov.cn/srcsite/A16/s7062/201804/t20180410_332722.html
新快报(2025.1.27). DeepSeek创始人回广东过年.
央广网(2023.11.1).
国家卫生健康委：我国每万人口全科医生数已提高至3.28人.
央视新闻客户端(2025.8.19). 截至去年底
我国卫生人员总数达1578万人.
CSF(2024.11.27). 중국 의료종사자 육성과 정책.
https://csf.kiep.go.kr/issueInfoView.es?article_id=55537&mid=a20200000000

## 02
# AI 흑묘백묘론

인재 확보를 위해서는 자체 인재 양성만으로는 부족하다. 중국은 첨단 과학 분야 발전을 위해 2008년부터 '천인계획'을 시행하여 다양한 사상 · 철학적 배경을 지닌 전 세계 석학들을 중국 대학과 연구소에 불러들이고 있다.

노래하는 AI 보컬?

## 신(新) 삼고초려

유비(劉備)가 제갈량(諸葛亮)을 모시기 위해 세 번이나 찾아갔다는 삼고초려(三顧草廬)의 고사(故事)는 인재의 중요성을 잘 보여 준다. 고(故) 이건희 회장 또한 "한 명의 천재가 10만 명을 먹여 살린다"라는 말을 남겼고(글로벌경제신문, 2020.10.25), 애플의 공동창업자 스티브 잡스(Steve Jobs)는 B급 인재는 용인하지 않는 인재관을 밝히며 인재의 질적 우수성을 중시했다(CTO Magazine, 2024.9.13). 이처럼 동서고금(東西古今)을 막론하고 국가와 기업의 성패(成敗)는 결국 인재 확보에 달려 있다.

중국은 국가 주도로 세계 최대 규모의 AI 인재 풀(pool)을 구축해 왔다. 2018년 중국 교육부는 '고등학교 인공지능 창신 행동 계획(高等学校人工智能创新行动计划)'을 발표하고(教育部, 2018.4.3), 6년 만에 전국 대학에 AI 학과를 535개 신설했다. 매년 약 4만 3000명의 학부생이 AI 전공으로 입학하며, 이는 단일 국가 기준 세계 최대 규모다. 나아가 교육부는 2023년 국가발전개혁위원회(国家发展改革委), 공업정보화부(工业和信息化部), 재정부(财政部) 등과 공동으로 '일반 고등교육 학과 및 전공 설립 · 조정 최적화 개혁방안(普通高等教育学

科专业设置调整优化改革方案)'을 발표하고 2025년까지 대학 정원의 20퍼센트에 해당하는 학과 및 전공 배치를 조정하여, AI 등 이공계 정원을 확대하는 개혁을 단행했다(教育部, 2023.3.2). 중국은 현재 매년 STEM(과학 · 기술 · 공학 · 수학) 분야에서 약 500만 명의 학사와 7만 7000명의 박사를 배출하고 있다(이벌찬, 2025).

그러나 이러한 대량 양성만으로는 한계가 존재한다. 동일한 교육 시스템 속에서 성장했기 때문에 다양한 시각과 창의성을 확보하기 어렵다. 따라서 외부 인재의 유입과 다양한 사상 · 경험을 가진 인재의 포용이 절실하다. 중국은 이 문제를 극복하기 위해 덩샤오핑의 '흑묘백묘론'을 다시금 불러왔다. 검은 고양이든 흰 고양이든 쥐만 잘 잡으면 된다는 실용주의적 태도로, 정치적 배경과 이념을 넘어 실력 있는 인재를 수용하겠다는 것이다.

그 대표적 사례가 '중국 전기차의 아버지'로 불리는 완강(万钢)이다. 상하이 출신으로 문화대혁명 시기 조선족 자치구로 하방되었던 그는 독일 유학을 통해 공학박사학위를 받고 세계적 자동차 공학자로 성장했다. 1991년 독일 아우디 자동차 엔지니어로 입사 후 실력을 인정받아 생산 · 기획 기술책임자로 승진했다. 2000년 주룽지(朱镕基) 당시 총리의 요청으로 귀국해 '국가 첨단기술연구 발전계획(国家高技术研究发展计划)' 즉 863계획(863计划)의 전기차 개발 총책임자의 역할을 담당하여, 중국의 전기차 산업을 세계적 수준으로 끌어올렸다. 이 같은 공로를 인정받아 2007년 민주당파 정파인 치공당(致公党) 당원임에도 불구하고 과학기술부 장관에 취임했는데(新华网, 2018.3.14), 비(非)공산당원으로는 35년 만이었다. 그의 헌신이 현재 서구 선진국을 위협하는 중국 전기차 경쟁력의 밑거름이 되었다(전병서, 2025).

이와 같이 중국의 인재 전략은 단순히 인재 수를 늘리는 데 그치지 않고, 외부 인재 유입과 다양성 확보를 통한 질적 향상까지 포괄한다. 이는 교육 정책을 넘어 국가 경쟁력을 좌우하는 핵심 전략으로 자리 잡고 있다.

## 천인계획과 만인계획

중국의 인재 확보 전략은 단순히 몇몇 해외 석학을 영입하는 차원을 넘어, 국가 차원에서 체계적이고 장기적으로 추진된 전략적 프로젝트의 성격을 지니고 있다. 그 대표적 사례가 바로 '천인계획(千人计划)'이다. 2008년 시작된 천인계획은 세계적 수준의 학자와 교수 1000여 명을 유치한다는 목표 아래, 첨단 과학기술 산업 발전에 필요한 핵심 인재를 집중적으로 끌어들여 중국의 기술 혁신과 창업 생태계에 투입하도록 설계되었다(구자억, 2013). 이는 해외 고급 인재의 귀환을 촉진하는 동시에, 단순한 인력 충원을 넘어 국가 혁신 역량과 산업 경쟁력 강화를 꾀한 전략이었다.

선정된 인재에게는 파격적인 지원이 제공되었다. 단기 계약 과학자에게는 초기 자금으로 약 7만 4000달러, 장기 계약자에게는 70만 달러 이상의 연구비와 함께 주택, 의료 등 다양한 혜택이 주어졌다. AI 분야 박사의 초임 연봉은 100만 위안으로 책정되었으며(중앙일보, 2023.12.23), 이를 통해 수천 명의 해외 인재가 중국으로 유입되었다. 《월스트리트저널》에 따르면, 2010년대 동안 약 7000명의 정상급 과학자가 천인계획을 통해 중국으로 옮겨 갔다. 이들 대부분은 미국 거주자였지만, 비(非)중국계 외국인 과학자 수백 명도 포함되어 국제적 성격을 띠었다.

그러나 이러한 성과와 함께 부작용도 적지 않았다. 하버드대학의 저명한 화학자 찰스 리버(Charles Lieber) 교수는 천인계획 참여 사실을 미국 당국에 보고하지 않은 혐의로 유죄 판결을 받았으며(뉴시스, 2021.12.22), 한국에서도 한국과학기술원(KAIST) 교수가 자율주행차 핵심 기술을 중국에 유출한 혐의로 징역형을 받았다(서울신문, 2024.5.30). 이에 따라 미국 정부는 천인계획을 "중요한 정보를 절취하는 사업"으로 규정하며 강력히 비판했고, 국제 사회에서도 부정적 이미지가 확산되었다.

이러한 상황 속에서 중국은 해외 인재 유치 일변도의 천인계획을 전환하여, 2012년 '만인계획(万人计划)'을 출범시켰다. 공식 명칭은 '국가 고위급 인재 특별지원 계획(国家高层次人才特殊支持计划)'으로, 과학기술뿐 아니라 전(全) 학문 분야를 아우르는 핵심 인재 수천 명을 발굴 · 지원하는 국가 프로젝트다. 만인계획은 천인계획과 달리 해외 고급 인재보다는 국내 인재 육성과 연구 환경 개선에 중점을 두었다(전병서, 2025).

종합하면, 중국의 인재 전략은 단순한 양적 팽창이 아니라, 해외 고급 인재 유입과 국내 인재 육성을 병행하는 질적 향상을 지향하고 있다. 이는 덩샤오핑의 흑묘백묘론처럼, 국가 발전에 실질적으로 기여할 수 있다면 그 출신이나 국적을 불문하고 모든 인재를 받아들이는 유연한 철학을 반영한다.

## 최정예 인재 양성소

중국이 확보한 핵심 인재들은 단순히 연구실에 머무르

지 않고 다양한 분야에서 활약하고 있다. 특히 교육 현장에서 차세대 인재들을 양성하는 역할도 담당하고 있다. 2020년 미국 UCLA 교수로 재직하던 AI 석학 주송춘(朱松純)은 귀국 후 베이징대와 칭화대의 교수직을 맡아 후학을 양성하고 있다. 2012년, 컴퓨터 공학 분야의 노벨상인 튜링상 수상자인 실비오 미칼리(Silvio Micali)의 지도 아래, MIT에서 박사학위를 받은 블록체인 전문가 첸징(陈婧)은 칭화대에서 교편을 잡았다(清华大学, 2025.1.21). 이처럼 해외에서 성장한 우수 인재들이 귀국 후 연구와 교육을 병행하는 사례는 점차 늘어나고 있다.

특히 입학생 중에서도 최상위권 학생들을 선발해 정예 인재로 집중 육성하고 있다. 량원펑이 수학한 저장대의 '주커전반(竺可桢班)'을 비롯해, 베이징대의 '투링반(圖靈班)', 칭화대의 '야오반(姚班)'과 '즈반(智班)'이 대표적이다. 베이징대는 2017년 AI 특화 교육을 위해 AI의 아버지로 불리는 앨런 튜링(Alan Turing)의 이름을 딴 '투링반'을 신설했는데, 이곳에서는 알고리즘과 데이터 분야에 능통한 응용형 인재를 집중적으로 양성한다. 칭화대의 '야오반'과 '즈반'의 중심에는 튜링상 수상자인 세계적 석학 야오치즈(姚期智) 교수가 있다. 야오반의 정식 명칭은 '컴퓨터사이언스실험반(计算机科学实验班)'

인데, 야오치즈 교수의 성, '야오(姚)'를 따서 야오반이라 부른다. 야오치즈 교수가 직접 지도하며 각종 올림피아드 수상자 중 선별된 인재만 참여할 수 있는 기회가 주어진다. 2019년에는 AI 분야 글로벌 인재 양성을 위해 'AI반(人工智能班)'인 '즈반'을 설립했다.

이처럼 중국은 해외 인재 영입과 함께 국내의 최고 두뇌를 집중적으로 길러 내는 이중 전략을 통해, 기초 학문과 산업 현장, 교육 분야를 아우르는 AI 인재 생태계를 구축하고 있다. 이를 위해 해외 석학을 모셔오는 데 삼고초려도 마다하지 않으며, 이는 단순한 교육 차원을 넘어 국가 AI 경쟁력의 핵심으로 기능하고 있다.

### 참고문헌

구자억 외(2013). 《중국의 천인계획 연구》. 대외경제정책연구원.

글로벌경제신문(2020.10.25). "한 명의 천재가 10만명을 먹여 살립니다" 이건희 회장의 '천재 사랑'.

뉴시스(2021.12.22). 노벨상 후보 하버드 교수 중국 천인계획 참여 유죄 평결.

서울신문(2024.5.30). 중국 '천인계획' 뽑혔다 자율주행 기술 유출한 KAIST 교수…2년 확정.

서울신문(2024.8.25). 중국 '천인계획' 참여했다 체포된 전 하버드대 교수, 중국서 연구기회 모색.

이벌찬(2025). 《딥시크 딥쇼크》. 미래의창.

전병서(2025). 《차이나 퍼즐 – 기술봉쇄의 역설, 패권전쟁의 결말》.

연합인포맥스.
중앙일보(2023.12.23). 이름 바꾼 천인계획, 미국의 대응은?.
教育部(2023.3.2).
教育部等五部门关于印发《普通高等教育学科专业设置调整优化改革方案》的通知.
http://www.moe.gov.cn/srcsite/A08/s7056/202304/t20230404_1054230.html
新华网(2018.3.14). 万钢简历.
http://www.xinhuanet.com/politics/2018lh/2018-03/14/c_1122538184.htm
清华大学(2025.1.21). 麻省理工回清华，她立志“做最好的科研”!.
https://mp.weixin.qq.com/s/twWIlN0wW0AbWNCwweSjsg
CTO Magazine(2024.9.13). Hiring An All-Star Team Via the Steve Jobs Hiring Philosophy.

## 03
## 항저우 육소룡이 나르샤

2015년 중국은 경제 모델을 '양적 성장'에서 '질적 성장'으로 바꾸겠다는 산업 전략, '중국 제조 2025'를 발표했고, 올해가 바로 2025년이다. 딥시크는 서막에 불과하다. AI, 휴머노이드 로봇의 패권을 위해 항저우 육소룡이 비상을 준비한다.

인공지능과 편향?

## 중국 제조 2025

과거 중국산 제품은 주로 '가성비'로 소비자들의 선택을 받았다. 예컨대 샤오미(小米)의 가전제품은 국산 제품과 비교해 품질이 다소 떨어지거나 비슷한 수준임에도 가격이 현저히 저렴하다는 이유로 시장에서 경쟁력을 확보할 수 있었다. 그러나 최근 딥시크의 사례가 보여 주듯이, 오늘날 중국산 제품과 서비스는 단순히 가격 경쟁력을 유지하는 수준을 넘어, 기술적 완성도와 품질 측면에서도 세계 최고 수준에 도달하고 있다. 이는 곧 '양(量)에서 질(質)로의 전환'을 상징하는 것이며, 그 배경에는 2015년부터 중국 정부가 추진해 온 국가 전략, 즉 '중국 제조 2025(中国制造2025)'가 자리하고 있다.

2015년 3월 5일, 리커창(李克强) 당시 총리가 정부 업무보고에서 처음 공식 제시한 '중국 제조 2025'는 중국을 단순한 제조 대국(制造大国)에서 제조 강국(制造强国)으로 도약시키기 위한 장기 전략이었다. 이 계획은 국가 차원의 제조업 혁신 전략으로서, 저부가가치 생산 구조를 탈피하고 첨단 기술 자립을 통해 산업 경쟁력을 강화하는 데 중점을 두었다. 특히 중국 정부는 국가적 자원을 집중하기 위해 10대 전략 육성 산업을 선정했다. 구체적으로는 차세대 정보 기술(新一代信息技术产业), 고급 공작 기계 및 로봇(高档数控机床和机器人), 항공 우주 장비(航空航天装备), 해양 공학 장비(海洋工程装备及高技术船舶), 첨단 철도 교통 장비(先进轨道交通装备), 신에너지 자동차(节能与新能源汽车), 전력 장비(电力装备), 농업 기계(农机装备), 신소재(新材料), 바이오의약 및 첨단 의료 기기(生物医药及高性能医疗器械) 산업이 포함됐다(KOTRA, 2023).

그러나 이 전략은 국제적으로 상당한 파장을 불러왔다. 특히 미국은 '중국 제조 2025'를 자국의 기술 패권을 위협하는 도전으로 인식했고, 이는 대(對)중국 제재와 미·중 무역 분쟁의 결정적인 도화선이 되었다. 실제로 2019년 무역 갈등이 본격화된 이후, 중국 정부는 불필요한 외교적 마찰을 피하기 위해 '중국 제조 2025'라는 용어 사용을 공식적으로 자제하며 전략적 유연성을 보였다(KITA, 2025.6.7).

그럼에도 불구하고, '중국 제조 2025'의 성과는 뚜렷하다. 미국의 시장 조사 기관 로디움 그룹(Rhodium Group)이 발표한 'Was Made in China 2025 Successful?' 보고서는, 중국 정부의 강력한 정책 추진으로 10대 전략 산업의 공급망 생태계가 구축되면서 기술 자립도가 빠르게 제고되고 있다고 분석했다(Rhodium Group, 2025.5.5).

또한 일본 《니혼게이자이신문(日本経済新聞)》은 '중국 제조 2025' 시행 10년을 평가하는 기획 기사에서, 반도체를 비롯한 일부 분야를 제외하면 대다수 산업에서 중국이 당초 설정한 목표를 초과 달성했다고 진단했다. 특히 전기차, 조선(造船), 배터리, 우주 개발 분야에서 중국은 세계 1위를 차지하거나 미국을 위협하는 수준으로 성장했으며, AI · 휴머노이드 로봇 등 핵심 기술 영역에서도 미국을 빠른 속도로 추격하고 있다고 평가했다.

## 항저우 육소룡

중국은 '중국 제조 2025'를 기점으로 질적 도약을 목표로 삼아 왔다. 이에 AI, 휴머노이드 로봇 등 미래 핵심 기술 분야의 인재 양성과 연구 개발(R&D)에 막대한 자원을 투입하며 최근 괄목할 만한 성과를 거두고 있다.

특히 중국의 실리콘밸리라 불리는 항저우에 소재한 여섯 개 혁신 기업을 '항저우 육소룡(杭州六小龙)'이라 부른다. 딥시크, 게임 사이언스(游戏科学, Game Science), 유니트리(宇树科技, Unitree), 딥로보틱스(云深处科技, Deep Robotics), 브레인코(强脑科技, BrainCo), 매니코어테크(群核科技, Manycore)로, 모두 AI, 로봇, 클라우드, 뇌-컴퓨터 인터페이스(Brain-Computer Interface, BCI) 등 차세대 산업을 선도하는 딥테크 기업이다.

게임사이언스는 2023년 중국 최초 AAA급 게임(수억 달러 이상의 제작비를 투입해 수백만 장 판매를 목표로 하는 대규모 게임) 〈검은 신화: 오공(黑神话:悟空)〉을 공개하며 글로벌 게임 시장을 흔들었다. 로봇 분야에서는 유니트리가 휴머노이드와 사족 보행 로봇을 주력으로 한다. 대표 제품 G1은 민첩한 움직임으로 주목받았으며, 최근 공개된 보급형 R1(5900달러)로 시장 저변 확대를 꾀하고 있다. 또한 신형 로봇 개 A2는 100킬로그램을 견디고 보행, 점프, 외발 회전까지 가능해 탐사 임무에 적합하다(조선비즈, 2025.8.16). 딥로보틱스는 2018년 중국 최초 사족 보행 로봇을 개발했으며, '쥐잉(绝影) X30'은 싱가포르 전력 터널에서 상용화 사례를 남겼다. 2025년 공개된 '샨마오(山猫) M20'은 복잡한 지형에 특화된 세계 최초의 바퀴형 로봇으로, 80센티미터 장애물도 자율적으로 극복한다. BCI 기업 브레인코는 비침습형 기술을 상용화해 장애인 및 자폐 아동 지원 솔루션을 제공하고 있으며, 매니코어 테크는 분산형 저장 시스템을 통해 클라우드 비용 절감과 ICT 경쟁력 강화에 기여하고 있다.

이공계 인재 양성과 '양(量)에서 질(質)로의 전환'을 통해 '항저우 육소룡'이 탄생했으며, 글로벌 무대에서 존재감을 드러내고 있다. 특히 딥시크 같은 차세대 AI 기업과의 시너지를 통해 이들의 성장을 가속화할 전망이다.

## 육소룡의 날개 AI

이제 흔히 볼 수 있는 자율주행차는 외형적으로 기존 자동차와 크게 다르지 않다. 포드(Ford)의 모델 T나 현대자동차의 포니와 비교하면 디자인은 세련되었지만 근본적인 형태는 유사하다. 그러나 기능적으로는 운전자의 개입이 거의 필요 없는 수준의 주행 보조가 가능하며, 이는 전적으로 AI 기술의 발전 덕분이다. 단순 보조 단계에서 완전 자율주행으로의 진화는 자동차 산업의 패러다임을 바꾸고 있다.

AI는 자동차뿐 아니라 로봇 산업에서도 혁신을 촉발하고 있다. 2024년 신년(春节) 행사에서 화제가 된 휴머노이드 로봇은 중국 신생 기업 유니트리의 'H1' 모델이었다(〈그림 3-1〉). 인간과 유사한 움직임을 구현하면서도 가격은 약 9만 달러에 불과해 기존 동급 제품 대비 경쟁력이 뛰어났다.

2025년 8월 베이징에서 열린 세계로봇콘퍼런스에서는 유니트리의 휴머노이드 'G1' 두 대가 격투 시연을 펼

**그림 3-1.** 유니트리 H1의 공연.
출처: SCMP(2025.1.29). Dancing kings: Unitree humanoid robots, backed by Alibaba tech, delight Spring Gala show.

쳐 큰 주목을 받았다(〈그림 3-2〉, 조선비즈, 2025.8.16). AI가 없다면 이 로봇들은 단순 기계장치에 머물렀을 것이다. 이처럼 AI의 범용성은 자동차와 로봇을 넘어 산업 전반으로 확산되고 있다.

중국 빅테크 기업도 앞다투어 AI에 투자하고 있다. 알리바바는 제로원(零一万物, Zero one All Things)에 자금을 투입해 'Yi' 시리즈를 상용화했고, 텐센트(腾讯, Tencent)와 바이두(百度, Baidu) 역시 대규모 언어 모델

**그림 3-2.** 유니트리 G1의 격투기 경기.
출처: 조선비즈(2025.8.16). [비즈차이나] 中 1호 상장 예고… 휴머노이드 선두 굳히는 유니트리.

(LLM) 개발에 막대한 투자를 이어 가고 있다. 딥시크의 성공 이후 현지 언론은 중국 대표 AI 벤처 여섯 곳을 '육소호(六小虎, 여섯 마리 작은 호랑이)'라 칭하며 주목하고 있다.

대표적으로, 첫째 즈푸AI(智普华章)는 오픈소스 대규모 언어 모델(LLM) 생태계 구축에 집중하며 미국의 수출 통제 블랙리스트에 오를 정도로 기술력을 인정받았다. 둘째 문샷AI(月之暗面, Moonshot)의 장문 텍스트 특화 챗봇 '키미(Kimi)'는 《네이처》로부터 또 하나의 '딥시크 모먼트'라 평가받았다(이데일리, 2025.7.19). 창업자 양즈린(杨植麟)은 1992년생으로 칭화대 수석 졸업 후 카네기멜런대에서 박사학위를 취득한 천재 과학자로 알려졌다. 셋째 미니맥스(稀宇科技, MiniMax)의 아바타 챗봇 '토키(Talkie)'는 월간 사용자 3258만 명을 기록하며 글로벌 5위에 올랐다. 넷째 바이촨AI(百川智能)는 의료 특화 모델을 개발 중이며, 다섯째 제로원(零一万物)은 'Yi-Large'와 'Yi-Lightning'으로 세계 6위에 올랐다(IT之家, 2024.10.17). 여섯째 제웨싱천(阶跃星辰, STEPFUN)은 'Step-2' 모델로 2024년 세계 5위, 중국 내 1위를 기록했다(뉴스핌, 2025.2.7).

이처럼 풍부한 인적 자원과 혁신적 벤처가 결합하며 중국은 AI 생태계에서 세계적 경쟁력을 강화하고 있다. '중국 제조 2025'는 양적 성장에서 질적 성장으로 전환하려는 30년 전략의 첫 단계다. 2025년은 끝이 아니라 신중국 건국 100주년인 2049년을 향한 산업 강국 전략의 출발점이다.

### 참고문헌

김용신(2023). 미·중 반도체 전쟁 상황에서 중국 반도체 산업 발전 전략과 한국의 대응. 《한중Zine－INChinaBrief》.
뉴스핌(2025.2.7). 중국 AI의 역습, 제2·제3의 딥시크는 누구?
뉴시스(2025.5.19). 中, 내년 시행 '15차 5개년 계획' 수립 착수.
이데일리(2025.7.19). "딥시크급 충격" 中서 새로 출시된 AI '키미 K2'.
조선비즈(2025.8.16). [비즈차이나] 中 1호 상장 예고… 휴머노이드 선두 굳히는 유니트리.
파이낸셜뉴스, 2025.7.30). 향후 5년간 청사진 '국민 경제와 사회 발전 제15차 5개년 계획' 토의에 들어간 중국 공산당.
IT之家(2024.10.17.). 零一万物新旗舰模型Yi-Lightning发布: LMSYS 测试国产首次超越GPT-4o，中国第一, 世界第六.
KITA(2025.6.7). 제조강국 1단계 마무리… '중국 제조 2025' 10년의 변화.
https://www.kita.net/board/totalTradeNews/totalTradeNewsDetail.do?no=92423
KOTRA(2023). 중국 반도체 산업 현황과 육성 정책. 《Global Issue Monitoring》.
Rhodium Group(2025.5.5). Was Made in China 2025 Successful?.
https://rhg.com/wp-content/uploads/2025/05/Was-MIC25-Successful.pdf
SCMP(2025.1.29). Dancing kings: Unitree humanoid robots, backed by Alibaba tech, delight Spring Gala show.

## 04
# 미·중 AI 패권 경쟁

20세기 지정학을 핵무기가 혁신적으로 바꿨듯,
21세기 권력 역학은 AI에 의해 변혁될 것이다.
미 · 중 패권 경쟁 중심에 자리한 AI.
4차 산업혁명 시대의 패권 국가의 지위에
오르기 위해서는 소버린 AI가 핵심이다.

청각장애인과 AI?

## 투키디데스의 함정

미국과 중국의 AI 패권 경쟁은 단순한 기술 영역을 넘어 국가의 미래와 국제 질서 전반을 좌우하는 전략적 차원에서 전개되고 있다. 국제 정치학에서는 이를 흔히 '투키디데스의 함정(Thucydides Trap)'에 비유한다. 고대 그리스 역사가 투키디데스(Thucydides)는 저서 《펠로폰네소스 전쟁사(History of the Peloponnesian War)》에서 기원전 5세기경 신흥 강국 아테네가 부상하자 기존 패권국 스파르타가 불안과 두려움 속에 이를 견제하며 전쟁으로 이어졌다고 기록했다. 오늘날, 이 개념은 "신흥 강국의 부상이 기존 강대국의 지위를 위협할 때, 충돌이 불가피하게 발생한다"라는 국제 정치학적 함의를 지닌다.

그레이엄 앨리슨(Graham Allison) 하버드대 교수는 저서 《예정된 전쟁(Destined for War)》에서 "미 · 중 간 군사적 충돌 가능성이 상당히 높으며, 그 발화점은 한반도나 대만과 같은 제3지역이 될 수 있다"라고 경고했다(동아일보, 2020.8.18). 실제로 미국은 기존 패권을 유지하기 위해 중국의 부상을 억제하려 하고, 중국은 이를 돌파하며 국제 질서 재편을 꾀하고 있다. 과거 일본이 1980년대 세계 제2의 경제 대국으로 부상했을 때 미국은

1985년 '플라자 합의(Plaza Accord)'를 통해 엔화 절상을 유도하며 성장을 제어한 전례가 있다. 당시 일본의 GDP는 미국의 약 40퍼센트 수준에 불과했다. 그러나 2024년 기준 중국의 명목 GDP는 약 18조 달러로 미국(약 28조 달러)의 65퍼센트에 달하고 있으며, 구매력 기준(Purchasing Power Parity, PPP, 각국의 통화 단위로 산출된 GDP를 단순히 미국 달러로 환산해 비교하지 않고 각국의 물가 수준을 함께 반영하는 것)으로는 이미 미국을 추월했다. 따라서 중국의 성장을 인위적으로 억제할 경우 그 경제적 충격은 일본 때와 달리 미국 자신에게도 심각하게 파급될 수밖에 없다.

이와 관련해 "왜 미국이 중국의 부상을 미리 제어하지 못했는가"라는 질문이 제기된다. 첫 번째 요인은 세계무역기구(World Trade Organization, WTO) 가입이다. 중국은 2001년 WTO에 가입하면서 세계의 '공장' 역할을 본격화했고, 이는 중국 경제를 급격히 성장시켰다. 당시 기대와 달리 시장 개방이나 정치적 자유화는 이루어지지 않았고, 오히려 중국 공산당의 지배 체제는 경제 성장과 함께 더욱 공고해졌다. 두 번째로, 제어할 '적기'를 놓쳤다는 지적이 있다. 2008년 '리먼 브라더스 사태(Lehman Brothers collapse)'로 촉발된 세계 금융 위기 당시, 미국은 자국 금융 시스템 안정화에 몰두하느라 중국 견제에 집중할 수 없었다. 마지막으로, 코로나19 팬데믹 시기에도 중국은 주요국 중 유일하게 플러스 성장을 기록하며 세계 공급망의 중심으로 부상했다. 이런 상황은 미국이 중국을 직접 제어하기 더욱 어렵게 만들었다. 이처럼 미·중 경쟁은 단순한 무역 분쟁이나 기술 경쟁이 아니라, 패권국과 신흥국 간 구조적 충돌이라는 국제 정치의 본질적 문제로 귀결된다.

## 4차 산업혁명과 국가 경쟁력

투키디데스의 함정 이론은 부상하는 세력이 기존 패권국을 위협할 때 전쟁이 발생한다는 역사적 패턴을 설명한다. 16세기 이후 열여섯 번의 패권 전환 중 열두 번이 전쟁으로 이어졌다(그레이엄 앨리슨, 2018). 이는 패권 전환이 단순한 힘의 이동이 아니라 충돌과 갈등을 내포한다는 사실을 보여 준다. 그렇다면 전쟁 없는 평화적 전환은 어떻게 가능한가. 대표적인 사례가 1991년 소련의 붕괴다. 경제력에서 뒤처지면서 무력 충돌 없이 미국 단극 체제가 확립되었다. 또한 20세기 초 영국에서 미국으로의 패권 이양도 전쟁 없이 이루어졌다. 제2차 세계대전 당시 영국은 독일의 위협에 직면했고, 미국의 군사·

경제적 지원이 절실했다. 양국의 이해관계가 일치하면서 1944년 브레턴우즈 회의(Bretton Woods Conference, 미국 뉴햄프셔주 브레턴우즈에서 마흔네 개 동맹국 대표단이 모여 제2차 세계대전이 끝난 후 국제 금융 질서를 논의한 회의)에서 미국 주도의 국제 통화 질서가 마련되었고, 당시 미국은 세계 GDP의 절반 이상, 금 보유량의 70퍼센트를 차지하는 압도적 경제력을 바탕으로 새로운 패권국으로 자리매김했다.

역사적으로 패권의 성패는 경제력과 과학기술력에 달려 있었다. 18세기 후반 영국은 증기기관, 방적기 등 1차 산업혁명을 통해 농업 중심 사회를 공업 사회로 전환하며 제국주의 팽창의 토대를 마련했다. 19세기 후반에는 미국이 2차 산업혁명의 최대 수혜국으로 부상했다. 석유와 철강 산업의 비약적 성장, 전기라는 새로운 에너지원의 발견, 철도와 자동차의 발전을 기반으로 세계 경제를 주도했다. 이어 20세기 후반의 3차 산업혁명은 컴퓨터와 정보통신기술 발전, 특히 인터넷 확산으로 이어졌다. 아이비엠(IBM), 인텔(Intel), 마이크로소프트가 성장했고, 구글(Google), 아마존, 페이스북(Facebook), 유튜브(Youtube), 넷플릭스(Netflix) 등 미국 빅테크 기업이 플랫폼 경제를 독점하며 글로벌 패권을 강화했다.

오늘날 4차 산업혁명의 핵심은 AI다. AI는 증기기관, 전력, 인터넷과 같은 '범용 기술(General-purpose technology)'로 평가되며, 전(全) 산업에 파급력을 미친다. 따라서 AI를 선도하는 국가가 새로운 패권국으로 부상할 가능성이 크다. 결국 국가 경쟁력은 AI 경쟁력에 의해 좌우되며, 이를 확보한 국가만이 21세기 세계 질서를 주도할 수 있다.

## 소버린 AI와 국가 주권

국가 AI 경쟁력은 더 이상 단순한 기술 우위의 문제가 아니라 국가의 존립과 직결된 전략적 과제다. 최근 이를 두고 '소버린 AI(Sovereign AI)'라는 개념이 주목받고 있다. 소버린 AI란 특정 국가가 데이터, 알고리즘, AI 인프라(컴퓨팅 파워) 등 핵심 요소를 외부 의존 없이 독자적으로 확보·운용할 수 있는 체제를 의미한다(최경진, 2025.7.7). 이는 단순한 기술 경쟁이 아니라 국가 안보, 문화와 가치 체계의 반영까지 포괄하는 전략 자산으로 간주된다. 다시 말해, 어느 한 요소라도 타국에 의존하는 순간 완전한 주권적 AI 운용이 불가능해지고, 사실상 국가 주권 일부가 종속되는 것과 다름없다.

이 개념은 미·중 패권 경쟁에서 특히 첨예하게 드러

난다. 미국은 AI 분야에서 오랫동안 압도적 1위를 점해 왔다. 하지만 2025년을 기점으로 상당 부분 격차를 좁히면서 현재는 중국이 '의미 있는 2위'로 평가받고 있다(HAI, 2025). 미국과 중국 사이의 경쟁은 데이터 · 알고리즘 · 컴퓨팅 파워라는 AI의 세 가지 핵심 요소를 둘러싸고 전개되고 있다. 미국은 틱톡(TikTok) 매각 압박을 통해 중국의 데이터 활용을 차단하려 하고(뉴스1, 2025.8.22), 첨단 알고리즘 개발 인력의 유출을 막기 위해 중국인 유학생의 유학과 연구를 제한하고 있다(세계일보, 2025.8.19). 또한 미 · 중 무역 전쟁의 핵심은 반도체 제재에 있으며(뉴시스, 2025.8.18), 이는 곧 컴퓨팅 파워 역량의 핵심인 AI 인프라 구축을 둘러싼 주도권 경쟁이다.

데이터는 AI 학습의 연료로서 그 가치가 점차 높아지고 있다. 중국은 사이버 공간을 국가 영토의 일부로 간주하여 국내 생성 데이터의 해외 반출을 엄격히 금지한다[중국「국가안전법(国家安全法)」제25조 및「네트워크안전법(网络安全法)」제37조]. 이는 데이터 주권(data sovereignty)의 강화 현상을 보여 주며(이상우, 2022), 동시에 AI 경쟁력 확보를 위해서는 데이터를 어떻게 활용 · 개방할 것인가라는 딜레마를 드러낸다.

AI 패권 경쟁은 단순한 기술, 서비스, 시장 점유의 차원이 아니다. 이미 AI는 4차 산업혁명의 핵심 기반이며, 여기에 뒤처진 국가는 다가올 5차 산업혁명 시대에 발언권조차 잃게 될 것이다[차수별 산업혁명에 도태된 국가의 말로(末路)는 확인한 바와 같다]. 결국 소버린 AI는 국가가 결코 물러설 수 없는 최후의 보루다. 지금까지 우리는 미 · 중 경쟁을 '강 건너 불구경'하듯 바라보았으나, 이 경쟁은 우리나라가 결코 피할 수 없는 과제다. 과거 핵우산에 의존했던 안보 전략으로는 다가올 기술 전쟁에서 생존을 담보할 수 없으며, AI 주권 확보야말로 국가의 미래를 결정짓는 관건이 될 것이다.

### 참고문헌


그레이엄 앨리슨(2018). 정혜윤 옮김. 《예정된 전쟁(Destined for War)》. 세종서적.

뉴스1(2025.8.22). 트럼프 "틱톡 美사업권 매각 추가 연장할 수도…美 인수 기업 준비".

뉴시스(2025.8.18). 美, 대중 반도체 제재 여파…삼성·SK, 中 매출 '하락'.

동아일보(2020.8.18). "미-중 군사적 충돌 위험한 상황… 대만-한반도서 시작될 수도"[파워인터뷰].

세계일보(2025.8.19). 미국, 2025년 유학생 비자 6000여 건 취소.

이상우(2022). 중국 데이터법의 역외적용. 《법학논총》.

최경진(2025.7.7). [청계광장]소버린 AI의 진정한 가치.

《머니투데이》.
HAI(2025). 《AI Index Report 2025》. Stanford Institute for Human-Centered Artificial Intelligence.

## 05
# 21세기 양탄일성, AI

1950년대 매카시즘의 열풍은 미국계 중국인 첸쉐썬을 내몰았다. 그를 필두로 1970년 원자폭탄 · 수소폭탄, 인공위성의 일명 양탄일성의 독자 개발에 성공한 중국은 1971년 중화민국의 유엔 안전보장이사회 상임이사국 지위를 넘겨받았다. 트럼프 2기 행정부의 대중국 압박은 21세기 양탄일성을 재현할 것인가.

AI 콘텐츠 크리에이터?

## 매카시즘과 첸쉐썬

미국의 대(對)중국 반도체 규제가 한층 강화되던 시기, 엔비디아 CEO 젠슨 황(Jensen Huang)이 중국을 방문했다. 2025년 7월 16일, 베이징에서 열린 '제3회 중국 국제 공급망 촉진 박람회(中国国际供应链促进博览会)'에 참석한 그는 미국과 중국 간 긴장이 높아지는 상황에서도 협력의 중요성을 강조했다. 시국만 놓고 보아도 주목받을 일이었지만, 현지와 국제 언론의 시선은 그의 발언보다 옷차림에 쏠렸다. 젠슨 황의 트레이드마크는 검은색 가죽 재킷으로, 정상급 인사를 만나는 자리나 한여름 폭염 속에서도 고수해 온 일종의 '아이콘'이었다. 그런데 이번에는 검은 재킷 대신 '인민복'이라고도 불리는 중산복(中山服)을 입고 등장했다. 중산복은 중국의 정치가 쑨원(孫文)이 1911년 신해혁명에 성공한 뒤 개혁 정책의 하나로 고안한 근대 예복으로, 쑨원의 호인 중산(中山)에서 이름을 따왔으며, 중국 근대사의 상징성을 지닌다. 젠슨 황의 선택은 단순한 패션을 넘어, 중국을 향한 그의 태도를 함축적으로 드러내며 어떤 수사보다 강렬한 인상을 남겼다.

이 장면은 60여 년 전, 또 다른 과학자의 행보를 연상시킨다. 바로 '중국 로켓의 아버지'라 불리는 첸쉐썬(钱

**그림 5-1.** 중산복을 입은 젠슨 황.
출처: China Daily(2025.7.17). Nvidia chief lauds China's tech savvy.

学森)이다. 그는 1911년 상하이에서 태어나, 상하이교통대학(上海交通大学)을 졸업했다. 당시 중국은 의화단운동(義和團運動) 후 서구 열강에 막대한 배상금을 지급해야 했는데, 이 배상금 중 일부가 미국 유학 프로그램(Boxers Rebellion Indemnity Foundation)으로 전환되었다. 첸쉐썬은 그 기회를 얻어 미국으로 건너가 캘리포니아공대(Caltech)에서 박사학위를 받고, 제트추진연구소(JPL)의 공동 창립 멤버로 활약하며 미국 로켓 과학의 선구자가 되었다.

그림 5-2. 마오쩌둥(우)의 환대를 받는 첸쉐썬(좌).
출처: 红色小兵读书会(2021.11.1).
钱学森：是毛主席亲手把我引上了革命的道路!.

그러나 1949년 중화인민공화국이 수립되고, 1950년 6.25전쟁이 발발하면서 상황은 급변했다. 미국 사회는 매카시즘[McCarthyism, 반공주의 성향이 강한 집단에서 정치적 반대자나 집단을 공산주의자로 매도하려는 태도로 1950년대 미국의 상원의원 조지프 레이먼드 매카시(Joseph R. McCarthy)가 국무부의 진보적 인사들을 공산주의자로 규정한 발언을 한 데서 비롯됨] 광풍 속에서 공산주의자 색출에 몰두했고, 중국계 과학자인 첸쉐썬

역시 의심의 대상이 되었다. 1950년 그는 중국에 있는 가족을 만나러 귀국하려다 FBI에 체포되어 5년간 가택 연금 상태에 놓였다. 명확한 증거가 없음에도 제트추진 연구소 접근이 차단되고 연구 활동이 금지되자, 첸쉐썬은 중국으로 돌아가겠다는 의사를 밝혔다.

1954년 중국은 '제네바 회담(1954 Geneva Conference)'에서 미국 내 억류당하고 있는 중국인의 송환을 요구했고, 6.25전쟁에서 포로가 된 미군 조종사 열한 명과 첸쉐썬 일가를 맞바꾸는 방식으로 1955년 마침내 중국으로 돌아오게 되었다. 미국이 의심과 편견으로 잃은 천재 과학자는 귀국 후 중국 미사일 · 로켓 · 핵무기 개발을 주도하며 국가 전략 과학자로 자리 잡았다. 그는 이후 서구식 양복을 거부했는데, 이는 젠슨 황의 이번 선택과 겹쳐 상징적 함의를 던진다.

## 양탄일성과 중국의 위상 변화

중국으로 귀국한 첸쉐썬은 국가 전략 과학 프로젝트에 매진하여 1964년 원자폭탄, 1967년 수소폭탄, 1970년 인공위성 발사 성공에 결정적 기여를 했다. 이 세 성과는 중국에서 '양탄일성(两弹一星, Two Bombs, One Satellite)'이라 불리며, 중국이 군사 · 우주 과학 강국으로 도

**그림 5-3.** 첸쉐썬을 추모하는 구글 두들(Google Doodle).
출처: Google Doodles Wiki.
https://google-doodles.fandom.com/wiki/Qian_Xuesen%27s_Birthday

약하는 전환점이 되었다. 당시 중국은 대약진 운동과 문화대혁명을 거치며 경제적 · 사회적으로 심각한 혼란에 빠져 있었다. 그러나 마오쩌둥은 첸쉐썬의 연구를 전폭적으로 지원했고, 그는 열악한 환경 속에서도 과학적 쾌거를 이끌어 냈다.

그의 업적은 생전에 이미 중국 과학의 상징으로 불렸으며, 2009년 97세로 서거하자 구글은 그를 기리는 두들(Doodle, 기념일이나 인물 등을 기리기 위해 구글 홈페이지에 있는 구글 로고를 일시적으로 특별히 바꿔 놓은 로고)을 게재했다. 첸쉐썬의 성취는 천재적 두뇌와 집념의 산물이었지만, 동시에 미국에 대한 개인적 분노와 민족적 사명감이 결합된 결과이기도 했다. 그는 캘리포니아공대로부터 동문상 받기를 거부했고, 서구식 양복을 멀리했다. 이는 미국으로부터 부당한 대우를 받았던 경험이 그의 정체성에 깊이 새겨져 있음을 보여 준다.

양탄일성 이후 중국의 국제적 위상은 근본적으로 달라졌다. 이전까지 중국 대륙의 합법 정부 자리를 차지하던 중화민국(中华民国, Republic of China)이 국제 무대에서 중국을 대표했지만, 핵무기와 위성 발사 성공은 서방 선진국의 인식을 변화시켰다. 1971년 10월 25일, 제26차 유엔(United Nations, UN) 총회에서 압도적인 다수의 표로 중화인민공화국이 의석을 회복하고, 중화민국을 대신해 안보리(UN Security Council) 상임이사국 지위를 차지했다. 물론 국제 정치적 요인이 복합적으로 작용했지만, 과학기술 성취가 중국의 외교 지위를 뒷받침한 것은 부인할 수 없다.

중국 인민에게 이는 '과학의 힘'이 국가의 운명을 바꿀 수 있다는 집단적 환희를 안겨 주었다. 반대로 19세기 아편전쟁 당시 서구 열강의 군사 기술 앞에서 무기력하게 무너졌던 경험은 과학기술 열세가 가져온 치욕을 각인했다. 첸쉐썬의 유학과 귀국, 그리고 양탄일성의 성공은 이러한 역사적 맥락 속에서 중국의 과학과 국가 위상을 근본적으로 변모시킨 결정적 순간이었다.

## 대(對)중국 제재와 후과(後果)

트럼프 2기 행정부 들어 대중국 압박은 더욱 거세졌고, 이에 따라 미국 내 중국 국적 및 중국계 학자들에 대한 통제 역시 강화되었다. 이는 지난 5년 동안 미국으로 향하는 중국 유학생이 급감한 것과 맥을 같이한다. 2019~2020학년도 미국 내 중국 유학생은 37만 2532명으로 미국 전체 외국인 유학 중 가장 많은 비중을 차지했지만, 2023~2024학년도에는 27만 7398명으로 25퍼센트가량 감소했다(아주경제, 2025.7.15). 또한 중국과의 연계 가능성이 있다는 이유만으로 비자 발급이 제한되거나 추방 조치가 이뤄졌고, 여기에 협조하지 않는 대학에는 연구비 지원 중단 등 제재가 가해졌다(BBC, 2025.5.30).

이는 냉전 직후 미국 사회를 휩쓴 매카시즘과는 성격상 차이가 있으나, 표출 방식은 유사하다. 물론 미국의 우려대로 국가·산업 기밀이 불법적으로 유출되고 그 경로로 중국계 유학생이나 연구자가 활용될 가능성도 있다. 다만 무차별적인 제재는 "빈대 잡으려다 초가삼간 태운다"라는 속담처럼 긍정적 효과마저 반감할 수 있다. 실제로 한국에서도 무분별하게 사용되는 연구 개발 예산을 관리한다는 취지로 모든 연구비를 일률적으로 삭감했던 사례가 있었는데(카이스트신문, 2023.9.20), 목적은 옳더라도 수단이 적절하지 않으면 오히려 더 큰 손실을 초래한다는 점을 보여 준다.

이미 트럼프 1기 행정부 때부터 '중국 이니셔티브(China Initiative)'라는 이름으로 대학 등에서 중국의 산업 스파이 활동에 대한 대대적인 검거 작업에 나섰고 중국계 석학들이 대거 미국을 떠나는 계기가 되었다. 위셰(Yu Xie) 프린스턴대학(Princeton University) 교수의 연구에 따르면 2010년부터 2021년까지 약 2만 명의 중국계 과학자들이 미국에서 다른 나라로 거처를 옮겼는데, 이 같은 추세는 트럼프 1기 때부터 두드러지기 시작했다. 귀국한 석학들은 천인계획과 만인계획 같은 국가 차원의 인재 유치 정책에 편입되어 성과를 창출하고 있다. 이는 단순히 인재를 불러들이는 데 그치지 않고, 귀국 석학들이 후학을 양성하는 선순환 구조로 이어지고 있다.

역사적으로도 매카시즘은 중국계 과학자 첸쉐썬을 귀국하게 만들었고, 그는 중국의 우주 · 핵 개발을 이끌며 국가 위상을 제고하는 데 핵심적 역할을 했다. 오늘날 또 다른 '제2, 제3의 첸쉐썬'이 미중 갈등의 압박 속에서 귀국하고 있으며, 그들이 어떠한 성과를 만들어 낼지는 아직 알 수 없다. 최근 오픈AI의 샘 알트먼(Sam Altman)도 CNBC 인터뷰에서 "중국의 AI 기술력이 두려

울 정도로 발전했지만, 현행 규제 방식으로 이를 효과적으로 통제할 수 있을지는 불투명하다'라고 언급했다(CNBC, 2025.8.18). 트럼프 대통령에게는 약 4년의 임기가 남아 있다. 그러나 지나치게 거칠고 단기적인 정책 수단은 결국 장기 목표 달성을 저해할 수 있다.

### 참고문헌

민태기(2020.6.26). 美서 공산주의자 몰려 쫓겨난 중국인 과학자의 '복수'. 《조선일보》.

아주경제(2025.7.15). 美 떠나는 인재, 흡수하는 中.

카이스트신문(2023.9.20). 33년만의 R&D 예산 삭감…기초연구, 출연연 예산 포함해 5조원 이상 삭감.

BBC(2025.5.30). 학생 혹은 스파이?… 트럼프의 표적이 된 중국 청년들.

China Daily(2025.7.17). Nvidia chief lauds China's tech savvy.

CNBC(2025.8.18). OpenAI's Altman warns the U.S. is underestimating China's next-gen AI threat.

Google Doodles Wiki. https://google-doodles.fandom.com/wiki/Qian_Xuesen%27s_Birthday

红色小兵读书会(2021.11.1). 钱学森：是毛主席亲手把我引上了革命的道路!.

06

# 안보 수호를 위한 양날의 검

AI 경쟁력은 국가 안보 수호의 핵심 요소가 되었다. 하지만 생성형 AI의 확산은 그 블랙박스적인 특성으로 인하여 체제 유지의 잠재적 위협으로 다가오고 있다. 딥시크는 추론 과정을 공개함으로써 인위적인 조작을 배제한 중국식 AI의 모델을 제시했다.

AI와 민주주의?

## AI 경쟁력과 국가 안보

앞서 살펴본 바와 같이 AI 경쟁력은 국가 안보를 수호하는 핵심 요소로 부상했다. 이를 몇 가지 관점에서 정리하면 다음과 같다.

첫째, 경제력 향상이다. AI는 범용 기술로서 전(全) 산업 분야에 적용할 수 있다. 예컨대 휴머노이드 로봇, 전기차, 스마트 제조 등 다양한 영역에서 차별화된 성능을 구현할 수 있으며, 이를 통해 시장 경쟁력과 기술 패권을 확보하게 된다. 이는 막대한 부 창출의 토대를 마련할 뿐만 아니라, 궁극적으로 4차 산업혁명을 주도하는 국가로 도약할 수 있게 한다. 실제로 냉전의 종식은 군사적 충돌이 아닌 소련의 경제 붕괴에서 비롯되었듯, 경제 기반이 곧 국가 안보의 핵심이라는 사실을 시사한다. 따라서 AI 경쟁력 확보는 안정적 경제 성장과 국가 안보 수호 모두의 관건이 된다.

둘째, AI 기술 자체의 안보적 활용이다. 러시아-우크라이나 전쟁에서 드러난 것처럼, 현대 전쟁은 AI 기술에 의해 양상이 근본적으로 변화하고 있다(한국일보, 2025.8.22). 드론(drone)으로 대표되는 무인항공기(Unmanned Aerial Vehicle, UAV)를 통한 원격 타격, 사이버 공격과 같은 비대칭적 공격에서 AI는 핵심적 역할을 수행한다. 2013년 에드워드 스노든(Edward J. Snowden)의 내부 고발을 통해 확인된 바와 같이 기술 격차가 큰 경우에는 안보 위협의 존재조차 인지하기 어려울 수 있다. 따라서 AI 기술력 확보는 국가 안보를 강화하는 데 필수적이다.

셋째, AI가 생성하는 결과물의 위협이다. 대표적으로 생성형 AI를 이용한 딥페이크(Deepfake) 영상은 사회 질서를 혼란케 하고 체제 안정에 위협을 줄 수 있다. 과거에도 합성 기술은 존재했지만, 지금은 훨씬 더 빠르고 대량으로 생산할 수 있어 위험성이 증대되었다. 또한 최근의 AI는 미국 변호사 시험(Bar Exam), 국제 수학 올림피아드 문제 등을 최상위 등급으로 해결할 정도로 정확성이 높아졌다(동아사이언스, 2025.8.5). 이 때문에 AI의 답변을 쉽게 신뢰하게 되는데, 만약 이를 악용해 조작된 정보를 제공한다면 사회 혼란이 일어나고 이는 국가 안보 위협으로 직결될 수 있다.

이처럼 AI는 경제력, 군사 안보, 그리고 정보 · 여론 영역 전반에서 국가 안보와 밀접하게 연결된다. 기술력을 강화하면 위험을 어느 정도 낮출 수는 있겠으나, AI가 지닌 블랙박스 속성으로 인해 결과물 자체가 위협으로 전환되는 경우에는 통제가 어렵다는 한계가 있다.

**그림 6-1.** 생성형 AI가 만들어 낸 미국 국방부 폭발 사진.
출처: CNN(2023.5.23). 'Verified' Twitter accounts share fake image of 'explosion' near Pentagon, causing confusion.

## 딥시크의 기술적 특징

딥시크는 기존 대규모 언어 모델(LLM)이 가진 비용과 효율성 문제를 독자적 방식으로 대응했다. 챗GPT의 구조를 간략히 보면, 대규모 데이터 기반 '사전 학습(Pre-training)', '지도 학습(Supervised Learning)', '강화 학습(Reinforcement Learning)'을 거쳐 결과를 생성한다. 지도 학습은 사람이 정답을 아는 문제를 AI가 맞히도록 하는 과정으로, 입력(input)과 출력(output)을 대조하며 학습한다. 이어지는 강화 학습은 보상(reward) · 벌칙

(penalty) 체계를 적용해 시행착오 속에서 최적의 행동을 선택하게 한다. 마지막으로 미세 조정(Fine-tuning)을 거쳐 사용자 맞춤형 결과를 도출한다. 그러나 이 과정은 모든 결과물에 '라벨(label)'을 붙이고 최선의 답을 판별해야 하므로 막대한 비용과 노동력이 든다.

딥시크는 이와 달리 사전 학습과 지도 학습을 생략하고 강화 학습만으로 결과를 산출한다. 즉 대규모 코퍼스(corpus, 언어를 연구하기 위해 컴퓨터가 읽을 수 있는 형태로 모아 둔 언어 자료의 집합)를 단순 모방하는 대신 규칙에 따라 자율적으로 학습 · 진화하는 방식이다. 이는 구글 딥마인드(DeepMind)의 알파고 제로(AlphaGo Zero)와 유사하다. 알파고 제로는 기존 알파고가 기보 데이터를 학습했던 것과 달리, 바둑 규칙 외 사전 지식 없이 백지 상태에서 반복 대국을 통해 실력을 끌어올렸다(매경ECONOMY, 2025).

특히 딥시크의 R1 모델은 추론 과정에서 '자기 재평가(Self-reflection)'를 수행해 결과를 반복 수정한다. 이는 AI가 존재하지 않거나 무관한 정보를 사실처럼 답하는 '환각(Hallucination, AI가 존재하지 않거나 맥락에 관계없는 답을 마치 진실인 듯 답변하는 것)' 문제를 보완한다. 환각은 훈련 데이터 한계, 언어 모델의 확률적 특성,

출처 검증 부족 등에서 발생하는데, 딥시크는 추론 단계에서 오류를 자체 점검·수정함으로써 정확도를 크게 높였다. 결국 딥시크는 비용 절감·효율적 훈련·정확성 개선이라는 세 가지 성과를 동시에 달성하며 기존 대규모 언어 모델(LLM) 패러다임에 도전한 셈이다.

## 추론형 오픈소스 모델의 의의

AI는 단번에 답을 내놓는 것처럼 보이지만, 실제로는 인간과 유사하게 단계별로 사고하는 방식이 가능하다. 이를 '연쇄적 사고(Chain of Thought, CoT)'라 부르는데, 이는 AI가 단순 응답을 넘어 논리적으로 추론할 수 있도록 하는 핵심 기술이다. 딥시크는 이러한 연쇄적 사고(CoT)를 본격적으로 구현한 추론형 모델로, 질문에 대한 답변을 제시하는 과정에서 단계별 추론을 전개한다. 만약 국가 안보와 같이 민감한 주제에서 문제가 되는 답변이 도출될 경우, 어느 단계에서 오류가 발생했는지를 추적·시정할 수 있다는 점에서 의미가 크다. 이는 기존 챗봇형 AI가 블랙박스처럼 즉각적인 결과만 내놓는 구조와 대비된다. 물론 학습 데이터에 따라 편향(bias)은 불가피하지만, 이는 중국뿐 아니라 전 세계 생성형 AI가 공통적으로 직면하는 구조적 한계다(매경ECONOMY,

2025).

주목할 점은 딥시크가 오픈소스 모델이라는 사실이다. 오픈소스 AI는 내부 알고리즘과 설계 방식을 공개하여 다른 기업 · 개발자가 이를 활용 · 개선할 수 있게 한다. 이는 폐쇄형(closed-source) 모델과 달리, 낮은 비용으로도 생태계를 빠르게 확장할 수 있다는 장점이 있다. 하정우 대통령실 AI미래기획수석(인터뷰 당시 네이버 퓨처 AI센터장)은 "오픈소스로 다양한 데이터를 추가 학습해 새로운 앱을 만들거나 산업에 적용할 수 있으며, 이는 곧 락인 효과(Lock-in Effect, 특정 제품이나 서비스를 한번 선택하면 다른 대안으로 전환하기 어려워지는 현상)로 이어져 생태계 주도권을 좌우한다"라고 지적했다. 그는 현재 메타의 라마(LLaMA, Large Language Model Meta AI)가 오픈소스 진영을 주도하고 있으나, 딥시크가 세계 최초의 본격적 추론형 모델이자 오픈소스로 공개되면서 미국 빅테크에게는 커다란 위협이 되고 있다고 평가했다(중앙일보, 2025.2.10).

결국 딥시크의 등장은 단순한 기술 혁신을 넘어 미 · 중 양국의 오픈소스 진영 간 패권 경쟁으로 이어지고 있다. 이는 기업 수준을 넘어 국가 안보와 직결된 문제로, 딥시크가 추론형 오픈소스 모델을 택한 배경에는 기술 자립, 생태계 조성, 인재 유입이라는 전략적 고려가 자리하고 있다.

## 참고문헌

동아사이언스(2025.8.5). 중국 AI, 국제수학올림피아드 금메달급 점수 기록.

매경ECONOMY(2025). AI 전쟁의 서막 딥시크 딥임팩트.

중앙일보(2025.2.10). "딥시크에 건물내 인원 물으니…층수·면적 추론해 답 내더라".

최성규(2025.8.16). 작전명 '곰덫'…CIA 유인책 걸린 소련, 10년 전쟁치렀다. 《중앙선데이》.

한국일보(2025.8.22). 전쟁 문법 바꾸며 산업 재편 이끄는 드론… 러우전쟁이 앞당긴 무인전 시대.

CNN(2023.5.23). 'Verified' Twitter accounts share fake image of 'explosion' near Pentagon, causing confusion.

## 07
## 딥시크와 개인정보 유출 문제

개인정보 유출 우려로 딥시크 접속이 차단된 바 있다. 이 같은 조치는 자국민의 정보를 국내에 저장해야 한다는 데이터 현지화 규정에 기반한다. 우리나라 개인정보보호위원회의 딥시크 접속 차단 사례를 양국의 관련 법제를 중심으로 살펴본다.

AI와 애니메이션?

## 개인정보 유출 논란

딥시크 등장은 전 세계적으로 큰 반향을 일으켰지만, 동시에 개인정보 유출 가능성 우려도 제기되었다. 이에 따라 일부 국가들은 사용을 금지하기 시작했다. 미국 정부기관과 의회는 딥시크 사용을 전면 금지하고, 미 해군과 국방부도 접속을 차단했다. 유럽에서도 규제가 본격화되고 있다. 이탈리아 개인정보 감독 기구(Garante per la protezione dei dati personali, GPDP)는 딥시크의 개인정보 처리 방식에 대한 자료를 요청했으며, 이후 구글 플레이(Google Play)와 애플 앱스토어(Apple App Store)에서 앱이 삭제되었다. 아일랜드 데이터 보호 위원회(Data Protection Commission, DPC)는 아일랜드 이용자 데이터 처리 관련 정보를 요구하며 유럽연합(European Union, EU) 일반 개인정보보호법(General Data Protection Regulation, GDPR) 위반 가능성을 경고했다. 프랑스 개인정보보호위원회(Commission nationale de l'informatique et des libertes, CNIL) 역시 AI 시스템의 작동 방식과 데이터 보호 위험에 대한 조사를 개시했다.

우리나라도 예외는 아니었다. 개인정보보호위원회(개인정보위)는 2025년 1월 31일 출시 직후 딥시크 본사에 서비스 제공 과정에서 개인정보 수집 · 처리 관련 핵심 사항을 공식 질의했다. 한국인터넷진흥원(Korea Internet & Security Agency, KISA)과의 공동 분석 결과, 통신 기능 및 처리 방침 일부에서 미비점이 확인되었다. 이에 개인정보위는 「개인정보 보호법」 제63조의2에 근거해 사전 실태 점검(개인정보 침해 사고 발생의 위험성이 높고 개인정보 보호의 취약성을 사전에 점검할 필요성이 인정되는 경우 실시)을 실시했으며, 딥시크 측은 일부 고려 부족을 인정하고 협력 의사를 밝혔다. 결국 2025년 2월 15일, 국내 앱 마켓에서 신규 다운로드가 잠정 중단되었다.

## 개인정보위의 사전 실태 점검 결과 및 처분

개인정보위는 사전 실태 점검을 통해 네 가지 분야에서 딥시크의 위반 및 개선 사항을 확인했다.

첫째, 처리 방침 관련으로, 딥시크는 2025년 1월 15일 한국 앱 마켓 출시 당시 중국어와 영어로만 제공했다. 개인정보 파기 절차, 안전조치, 개인정보 보호 책임자의 성명 및 연락처 등 「개인정보 보호법」상 필수 항목이 누락되어 있었으며, 키 입력 패턴 등 과도한 정보 수집 가능성이 명시됐다. 점검 과정에서 딥시크는 한국어 처리 방침을 새로 공개하고 국내법상 요구 사항과 관할 조항을 추가했다. 문제된 키 입력 패턴은 실제 수집되지 않았으며, 초기 기재 오류였다고 해명했다.

둘째, 개인정보 국외 이전과 관련하여, 딥시크는 개인정보를 중국 · 미국 서버로 전송하면서 이용자의 동의를 받지 않고 공개하지 않았다. 특히 AI 프롬프트 입력 내용까지 베이징 볼케이노 엔진 테크놀로지(Beijing Volcano Engine Technology Co., Ltd)로 전송됐다[볼케이노는 바이트댄스(Bytedance)의 계열사이나, 별도 법인으로 바이트댄스와는 무관하고, 처리 위탁 정보는 서비스 운영 · 개선 외 마케팅 등의 목적으로는 이용하지 않고 있으며, 관련 법령상 요건과 적법 절차를 준수해 개인정보를 철저히 보호하겠다고 소명했다). 딥시크는 국외 이전 관련 법정 사항을 한국어 처리 방침에 포함하고, 신규 전송은 2025년 4월 10일부터 차단했다.

셋째, AI 학습 데이터 활용 측면에서, 딥시크는 이용자 프롬프트 데이터를 AI 학습에 활용하면서 옵트아웃(opt-out, 당사자가 자신의 데이터 · 개인정보 수집을 허용하지 않는다고 명시할 때 정보 수집이 금지되는 제도) 기능을 제공하지 않았다. 처리 방침에도 '서비스 제공 · 개선'만 명시돼 구체 안내가 부족했다. 이에 따라 딥시크는 2025년 3월 17일부터 이용자가 학습 활용을 거부할 수 있는 기능을 도입했다.

넷째, 아동 개인정보 및 안전조치 관련, 딥시크는 "14세 미만 아동 개인정보를 수집하지 않는다"라면서도 가입 시 연령 확인 절차가 없었다. 점검 과정에서 연령 확인과 개발 서버 접근 제한 등 보안 취약점이 시정됐다.

종합하면, 딥시크는 한국어 처리 방침 공개, 국외 이전 고지, 옵트아웃 도입, 아동 이용자 차단 조치 등을 통해 국내 법규에 부합하도록 개선했다. 이에 따라 약 두 달간 중단됐던 구글 플레이와 애플 앱스토어 신규 다운로드가 재개되며 서비스가 정상화됐다(개인정보보호위원회, 2025.4.24).

## AI 시대의 개인정보 보호 과제

이번 사건은 딥시크가 한국 서비스를 출시하면서 국내 「개인정보 보호법」을 충분히 숙지하지 못하고 이에 따른 준비가 부족했던 데서 비롯되었다. 딥시크는 소수의 기술자가 모인 스타트업으로 기술력은 높게 평가되지만, 글로벌 서비스 운영을 위한 컴플라이언스 구축 등에는 미흡할 수밖에 없었을 것이다. 결과적으로 개인정보위의 조치를 통해 우리나라 법이 요구하는 최소한의 조치는 이행되었고, 서비스는 재개됐다. 그러나 일각에서는 딥시크의 신뢰 구조 검증이 여전히 미흡하다는 지적이 있으며, 특히 개인정보가 여전히 중국 서버에 저장되고 있다는 점이 문제로 지적된다.

다만 딥시크 역시 서비스를 운영하기 위해서는 자국의 관련 법을 준수해야 한다. 2017년 6월 시행된「네트워크안전법」, 2021년 9월 시행된「데이터안전법(数据安全法)」, 그리고 2021년 11월 시행된「개인정보보호법(个人信息保护法)」은 중국의 '데이터 3법'을 구성하며, 기본적으로 수집된 데이터와 개인정보를 중국 내에 저장하도록 규정하고 있다. 또한 국외로의 데이터 이전 시에는 엄격한 조건을 적용한다. 이러한 규제는 사이버 공간을 물리적 영토의 연장선으로 인식하는 중국의 관점을 잘 보여 준다. 특히「네트워크안전법」 초안이 공개되었을 당시, 중국 내에서 수집·생산된 개인정보와 중요 데이터를 역내에 저장하도록 한 조항은 미국을 비롯한 전 세계 마흔여섯 개 상공 단체가 우려를 표명하는 계기가 되었다. 이들은 리커창 당시 총리에게, 해당 법안이 글로벌 기업의 중국 시장 진입을 제한할 수 있음을 지적하며, 역외(境外) 데이터 저장 금지가 가져올 영향을 문제 삼았다(박용숙, 2018). 이러한 데이터 현지화(Data Localization, 데이터가 생성·수집된 지역 내에 데이터를 저장하는 것) 조치는 초국경적 데이터 자유 이동 시대에 글로벌 기업의 우려를 불러일으켰으며, 중국 내 저장 데이터에 대해 정부 당국이 접근할 수 있다는 점은 여전히 민감한 사안으로 남아 있다.

사실 이러한 이슈는 중국에만 국한된 것은 아니다. 생성형 AI 모델의 기본 구조는 대부분 입력 데이터를 자국에서 처리하며, AI 운영을 위해 막대한 컴퓨팅 파워, 소위 AI 인프라가 필요하다. 오픈AI의 챗GPT 역시 사용자 개인정보와 메시지 내용을 수집하여 서비스 개선 및 연구 등에 활용한다고 명시되어 있다. 즉 중국 딥시크만의 문제는 아니며 공통적으로 내재된 리스크다.

딥시크는 폐쇄형 모델인 챗GPT와 달리 오픈소스 모델을 채택하고 있어, 소스 코드가 공개되어 보안 문제를 상대적으로 쉽게 확인할 수 있다. 또한 MIT 라이선스 기반으로 공개되어 있어 필요 시 API 연결 기능을 제거하고 사용할 수 있다. 이러한 점을 종합하면, 딥시크가 오픈소스로 제공된다는 사실은 폐쇄형 모델에 비해 보안 문제에 대한 우려를 다소 완화하는 요소로 볼 수 있다(정진근, 2025).

## 신(信), 불신(不信)

생성형 AI를 둘러싼 글로벌 경쟁에서 성능보다 '신뢰(trust)'가 핵심 판단 기준으로 부상하고 있다. 2025년 5월 테크크런치(TechCrunch)에 따르면, 마이크로소프트는 중국 AI 스타트업 딥시크 챗봇 애플리케이션을 사내에서 전면 차단하고 앱스토어에서도 제거했다. 마이크로소프트 브래드 스미스(Brad Smith) 부회장은 미국 상원 청문회에서 데이터 거버넌스 구조를 문제 삼았으며, 딥시크가 사용자 데이터를 중국 내 서버에 저장하고 중국 정부 기준에 따라 민감 주제를 필터링하는 점이 자사 보안 기준에 맞지 않는다고 밝혔다. 스미스 부회장은 내부 점검을 통해 해로운 부작용을 제거했다고 하나 구체적 기술 조치는 공개하지 않았다. 이는 단순 성능보다 '신뢰'가 기업 채택 여부를 결정함을 보여 준다(디지털데일리, 2025.5.10).

미국과 중국은 AI 주권을 확보했기에 가능한 선택이지만, 한국은 소버린 AI 구축이 아직 요원하며 단순 신뢰 여부만으로 접근하기에는 전략적 한계가 존재한다.

### 참고문헌

개인정보보호위원회(2025.4.24). 개인정보위, 딥시크 서비스 사전 실태점검 결과 발표.
디지털데일리(2025.5.10). [IT클로즈업] MS는 왜 딥시크를 금지했나…AI는 이제 '기능'보다 '신뢰'.
메트로신문(2025.2.2). 딥시크 개인정보 유출 논란 새 이슈…미·유럽 '차단'vs인도 '환영'.
박용숙(2018). 중국의 「네트워크안전법」에 대한 일고찰. 《강원법학》.
정진근(2025). ChatGPT의 개인정보 이슈와 딥시크(Deepseek)의 보안 이슈, 그 의미와 시사점. 《SW중중 중심사회 Vol.132》.

## 08
## 만리방화벽을 뛰어넘는 AI

AI의 학습 원료인 데이터의 대부분은 영어로 작성되어 있으며, 이 데이터를 보유한 기업은 미국의 빅테크다. 우리의 생각과는 달리 중국은 데이터 확보 경쟁에서 열위에 있다. 어떻게 극복할 것인가? 해외 데이터의 중국 유입을 위해 사이버 안보의 최후 보루인 만리방화벽에 균열의 조짐이 보인다.

AI와 인재 채용?

## 21세기 만리장성

중국의 만리방화벽(Great Firewall of China, GFW)은 인터넷을 통한 정보 유입을 통제하기 위해 구축된 세계 최대 규모의 국가 차원의 검열 · 감시 · 차단 시스템이다. 이는 만리장성(Great Wall)과 컴퓨터 방화벽(fire wall)을 합성한 명칭으로, 1998년경 시작된 황금방패공정(Golden Shield Project, 金盾工程)의 핵심 성과다. 황금방패공정은 1998년 시범적으로 추진된 뒤 2003년 국가사업으로 확정되었으며, 2008년부터 전국적 통제 체제로 가동되었다. 이 과정에는 칭화대와 화웨이(Huawei) 등 중국의 대학과 기업뿐만 아니라, 미국 등 서방의 일부 통신 장비 업체도 기술적으로 협력했다.

이 공정의 목적은 단순히 해외와 중국 인터넷을 완전히 분리하는 것이 아니라, 특정 사이트 · 키워드 · 콘텐츠를 선별적으로 차단 · 검열하는 정교한 관리 체제를 구축하는 데 있었다. 결과적으로 중국 공산당은 웹사이트, 이메일, 문자 등 거의 모든 디지털 콘텐츠를 감시 · 통제할 수 있는 종합적 장치를 마련했다. 동시에 해외 플랫폼을 배제함으로써 바이두, 텐센트, 알리바바 등 중국 토종 빅테크가 성장하는 효과도 가져왔다. 이러한 체제는 단기간에 구축된 것이 아니라, 1998년부터 2018년까

**그림 8-1.** 장쑤(江苏)성에서 진행된 황금방패공정 회의.
출처: 百度. https://baike.baidu.com/item/金盾工程/9092338

지 약 20년간 단계적 투자와 기술 발전을 통해 점진적으로 완성된 것이다(조영남, 2022).

## 의법치국과 데이터의 보호·활용

중국은 의법치국 기조 속에서 사이버 공간을 규율하기 위한 중국의 데이터 3법을 입법했다. 첫째, 「네트워크안전법」은 '핵심 정보 인프라(关键信息基础设施)' 운영자가 중국 내에서 수집 · 생산한 개인정보와 중요 데이터를 역내 저장하도록 규정하여(제37조), 애플 · 테슬라 등 글로벌 기업이 중국 내 데이터 센터를 설립하는 계기가 되었다. 둘째, 「데이터안전법」은 데이터 보호와 데이터 주권 강화를 명문화했다. 역외 적용을 선언해 국가 안보를 침해하는 해외 데이터 활동까지 규제 대상으로 포함했고(제2조), 중국에 대한 차별적 조치에 맞서 보복 조치를 취할 수 있도록 규정했다(제26조). 셋째, 유럽연합(EU)의 일반 개인정보보호법(GDPR)을 상당 부분 반영한 「개인정보보호법」은 역외 적용을 명시하고(제3조), 제한적 조건에서 개인정보의 국외 이전을 허용했다(제38조). 이처럼 중국 법제는 단순한 검열 · 감시에서 벗어나 법에 근거한 체제로 전환되었으며, 동시에 데이터 경제 활성화라는 이중 목표를 지향한다.

중국은 데이터 활용을 제도적으로 보장하기 위해 법제 및 정책을 체계화해 왔다. 2015년 국무원은 '빅데이터 발전을 촉진하기 위한 행동 강요(关于促进大数据发展的行动纲要)'에서 데이터를 국가의 기초 전략 자원으로 규정했고, 2019년 제19기 4중전회는 데이터를 토지 · 노동 · 자본 · 기술에 이은 제5의 생산 요소로 명문화했다. '제14차 5개년 규획(2021~2025)'은 데이터가 경제 · 사회 전반의 핵심 동력임을 강조했다. 이러한 흐름은 2022년 12월 공산당 중앙위원회와 국무원이 발표한 '데이터 20조(数据二十条)'로 구체화되었다. 정식 명칭은 '데이터 요소의 역할을 잘 수행하기 위한 데이터 기반 제도 구축에 관한 의견(关于构建数据基础制度更好发挥数据要素作用的意见)'으로, 핵심은 데이터 3권(三权) 메커니즘이다. 즉 ① 데이터 자원 보유권(持有权), ② 데이터 가공 사용권(使用权), ③ 데이터 상품 경영권(经营权)을 분리해 권익을 제도적으로 보장하고 데이터의 활용을 촉진하는 것이다. 이에 2023년 10월 국가데이터국(国家数据局)을 출범해 정책 총괄과 데이터 활용·공유·안전을 전담하도록 했다. 같은 해 12월 공개된 '"데이터 요소 x" 3개년 행동 계획(2024~2026년)["数据要素x"三年行动计划(2024~2026年)]'은 제조, 금융 등 열두 개 분야에서 300건 이상의 시범 사업을 추진하겠다고 제시했다.

이처럼 중국은 데이터를 단순한 감시·검열·통제의 대상으로만 바라보는 것을 넘어, 경제 성장과 국가 경쟁력 제고의 핵심으로 격상시켰으며, 이를 의법치국이라는 틀 속에서 법과 정책으로 제도화하고 있다.

## AI 발전을 위한 중국의 고민

이와 같은 상황에서 장샤오위(张效羽) 중앙당교(中央党校) 교수의 분석은 중국 AI 발전의 구조적 한계를 짚는 데 의미가 있다. 중앙당교는 중국공산당 중앙위원회 직속 교육 기관이자 고위 간부 양성 기관으로, 이곳에서 제기되는 담론은 단순한 학문적 논의가 아니라 당·국가 차원의 고민을 반영한다는 점에서 주목할 필요가 있다.

AI 발전의 핵심 요소로는 데이터, 알고리즘, 컴퓨팅 파워가 거론된다. 이 가운데 중국은 미국의 반도체 및 그래픽 처리 장치(Graphics Processing Unit, GPU) 제재로 인해 당장 컴퓨팅 파워 확보에 어려움을 겪고 있다. 알고리즘 역시 인재 양성과 직결된 분야로, 최근 논문·특허 분석에서는 중국이 미국과의 격차를 상당 부분 줄였다는 평가가 있으나, 미국의 중국인 유학생 제재가 장기화되고 강화될 경우 다시 격차가 확대될 가능성이 있다. 다만 이 두 요소는 외부 제재에 따른 제약이 크기 때문에 양국 간 협력이나 제재 완화가 이루어진다면 일정 부분 해소가 가능하다.

그러나 데이터 문제는 본질적으로 더 심각하다. 서구에서는 중국이 개인정보와 데이터를 비교적 자유롭게 활용해 유리하다고 보지만, 장 교수는 현실은 그렇지 않다고 주장한다. 현재 글로벌 데이터의 상당 부분은 구글, 메타 등 미국 빅테크에 집중되어 있으며, 중국은 언어적

제약으로 인해 학습 가능한 고품질 데이터가 부족하고, 고갈 위험에 직면해 있다는 것이다. 더욱이 세계 각국이 데이터 주권을 내세워 데이터 현지화 정책을 강화하면서, 중국 기업의 해외 데이터 확보도 제약을 받고 있다. 자국 기업이 해외 법률에 맞춰 현지 데이터 센터를 운영한다 하더라도, 연구 개발을 위해 중국 본사로 데이터를 가져오는 과정이 막힌다면 기술 발전이 지체되고 비용도 증가할 수밖에 없다. 따라서 국제적 데이터 유통을 원활히 할 법적 돌파구 마련이 시급하다는 것이 그의 주장이다(이상우, 2025).

이러한 주장은 2025년 7월 26일 상하이에서 열린 '2025 세계인공지능대회(World Artificial Intelligence Conference, WAIC)'에 참석한 리창(李强) 총리의 개막 연설에서도 확인된다. 리창은 "현재 AI 기술이 지속적이고 빠르게 향상되고 있지만 컴퓨팅 칩 공급 부족에 점점 더 많이 직면하고 있고, 고품질 언어 자료가 점차 고갈되고 있으며, 기업과 인재 교류 · 협력이 제한받는 등 제약이 있다"라면서 "각국은 첨단 이론과 기초 과학 · 기술 연구 협력을 강화"하고 공감대 형성에 기반한 AI 글로벌 거버넌스 프레임과 규칙을 만들어야 함을 강조했다(연합뉴스, 2025.7.26).

이는 한국도 예외가 아니다. 한국어는 중국어보다 사용 인구가 적고, 저출산과 고령화로 인해 데이터 확보 여건이 더욱 열악하다. 실제로 최태원 대한상공회의소 회장은 2025년 7월 20일 경주에서 열린 대한상의 하계포럼 간담회에서 "한국은 데이터 규모가 작아 단독으로는 성장하기 어렵다"라며, 일본과의 데이터 공유를 통해 경쟁력을 강화할 필요가 있다고 언급한 바 있다(전자신문, 2025.7.20). 이는 데이터 확보의 한계를 극복하기 위해 국가 간 협력이 필수적임을 시사한다. 더불어 한국은 내수 시장이 협소하여 자국 빅테크 기업의 해외 진출이 불가피한 만큼, 각국의 법과 규제 체계에 적응해야 한다. 따라서 다자간 AI 협력 및 글로벌 AI 거버넌스 구축에 대한 논의에도 전략적으로 주목할 필요가 있다.

## 참고문헌


연합뉴스(2025.7.26). 中총리 "AI, 소수 국가·기업 독점 안돼…세계AI협력기구 설립"(종합).

이상우(2023). 중국 데이터 법제와 정책 방향에 관한 고찰. 《법과 정책》.

이상우(2024). AI 시대, 중국 데이터 정책 동향의 이해. 《CSF》.

이상우(2025). 중국의 인공지능·데이터 입법 동향과 시사점. 《동북아법연구》.

전자신문(2025.7.20). 최태원 회장 "韓-日 연대해 데이터 확보해야".

조영남(2022). 《중국의 통치 체제 2: 공산당 통치 기제》. 21세기북스.
百度. https://baike.baidu.com/item/金盾工程/9092338

# 09
# AI 쇄국 정책과 척화비

AI, 휴머노이드 로봇, 우주항공 등 첨단 과학기술이 국가 안보와 직결되고 있다. 하지만 데이터, 알고리즘, 컴퓨팅 파워 중 어느 것도 선도하지 못하고 있는 우리의 현실에서 과도한 중국 AI 포비아는 스스로 채운 족쇄가 될 수 있다. 다시 한번 걸어 잠글 것인가. 구한말 우리의 모습을 반면교사 삼아야 한다.

AI와 기자?

## AI 기술과 국가 안보

과학기술은 산업 경쟁력을 넘어 국가 안보와 직결된다. 2025년 1월 미국 라스베이거스에서 열린 '소비자 가전 전시회(Consumer Electronics Show, CES) 2025' 기조연설에서 젠슨 황은 "다가올 시대는 피지컬 AI(Physical AI)의 시대"라 선언했다(서울신문, 2025.1.8). 피지컬 AI란 단순히 소프트웨어 AI가 아니라, 머리(AI 모델), 눈(카메라와 센서), 손발(액추에이터), 컴퓨터, 네트워크를 모두 갖춘 시스템을 의미한다. 인간처럼 주변 환경을 보고 판단하며 자율적으로 행동할 수 있어, 휴머노이드 로봇, 자율주행차 등 다양한 형태로 산업 현장과 생활 전반에서 활용된다. 이는 단순 기계 제어를 넘어 환경과 상호작용하며 스스로 문제를 해결할 수 있는 수준으로 발전하고 있다.

이러한 변화는 일상생활에서 흔히 사용되는 자동차와 가전제품까지 새로운 안보 위험에 노출시키고 있다. 2024년 2월 조 바이든 당시 미국 대통령은 중국산 전기차가 민감한 데이터를 해외로 전송할 수 있다며 조사를 지시했다(NYT, 2024.2.29). 2025년 7월 한국에서도 중국 로봇청소기 '로보락(Roborock)'의 개인정보 유출 의혹이 제기되어, 로보락은 "한국 이용자의 데이터는 아마

존웹서비스(Amazon Web Services, AWS) 미국 서버에 저장된다"라고 해명했으나, 불신은 쉽게 해소되지 않았다(뉴데일리, 2025.7.10).

중국 제조 2025에서 확인된 바와 같이, 중국 기업들은 정부의 전폭적인 지원을 바탕으로 산업 자립을 강화하며 AI, 휴머노이드 로봇, 전기차 등 분야에서 영향력을 확대하고 있다. 특히 사물인터넷(Internet of Things, IoT) 가전과 자율주행차 시장으로 사업 영역을 확장하며 글로벌 안보 우려를 증폭시키고 있다.

2025년 3월, 미국 연방통신위원회(Federal Communications Commission, FCC)는 "미국 국가 안보에 용납할 수 없는 위험을 초래한다"라고 판단하여, '커버드 리스트(Covered List)'에 포함된 중국 기업들의 미국 내 운영에 대한 대규모 조사를 시작했다고 밝혔다. '커버드 리스트'는 미국 국가 안보를 위협하는 기업 명단으로, 미 연방통신위원회는 2021년 화웨이와 ZTE 등 중국 기업을 지정해, 미국 내 연방 지원금을 활용한 장비 · 서비스 구매를 금지했다. 이어 2022년 11월에는 이들 기업의 통신 장비 판매를 전면 금지하며 사실상 미국 내 사업을 차단했다(SBS뉴스, 2025.3.22). 또한 미국은 2020년 LG유플러스에 화웨이 장비 사용 자제를 요청한 바 있으며, 이에 국내 통신사를 중심으로 중국산 장비 사용이 배제되었다(파이낸셜뉴스, 2025.3.22).

## 중국 AI 포비아의 암(暗)

과도한 중국 AI 포비아는 경계할 필요가 있다. 중국은 이미 AI 강국으로 자리 잡았으며, 산업 전반에 기술을 확산할 잠재력과 풍부한 인재를 확보하고 있다. 물론 국가 안보는 최우선이 돼야 한다. 그러나 편협하고 편향된 시각으로만 접근할 경우, 19세기 척화비처럼 세계 질서를 거부한 폐쇄적 선택으로 이어질 수 있다. AI 시대의 척화비는 국익을 지키는 방패가 아니라, 오히려 발전을 저해하는 족쇄가 될 수 있다. 기술 고립은 단기적으로 안보를 지켰다고 착각하게 만들지만, 장기적으로 세계 흐름을 따라잡지 못하는 기술 격차로 인해 돌이킬 수 없는 국가 안보 위협을 초래할 것이다.

현재 한국의 AI 기술 경쟁력은 세계 6~7위권으로 평가된다(대한민국 정책브리핑, 2025.2.25). 미국과 중국이 1, 2위로 압도적인 선두를 달리고 있으며, 우리나라는 3대 강국으로 도약을 목표로 하고 있다. 이에 정부는 2026년도 연구 개발(R&D) 예산 35조 3000억 원 중 2조 3000억 원을 '범용 인공지능(General-Purpose Artificial

Intelligence, GPAI)'과 저전력 AI 등 차세대 기술에 집중적으로 투자할 계획임을 밝혔다(대전일보, 2025.8.24).

하지만 현실은 투자 규모와 인력 측면에서 큰 격차가 존재한다. 경쟁국의 투자 규모는 이를 훨씬 뛰어넘는다. 중국은 2024년 연구 개발 투자액으로 정부, 공공기관, 민간 기업의 투자를 모두 합해 약 724조 원을 지출했으며, 2025년에는 약 800조 원 규모로 확대될 전망이다(이는 우리나라 전체 예산 약 700조 원을 웃도는 수준이다). 미국은 이미 스타게이트 프로젝트를 통해 AI 기술·인프라에 4년간 5000억 달러를 투자할 계획을 발표했고, 영국은 AI 인재 유치와 데이터센터 투자에 약 45조 원을 배정했으며, 프랑스는 공공 부문 데이터와 컴퓨팅 파워에 167조 원을 투자하고, 유럽연합은 총 300조 원 규모의 AI 투자를 선언하며 경쟁에 합류했다. 게다가 한국은 저출산과 이공계 기피 현상으로 인해 AI 연구 인력이 중국의 20분의 1 수준에 불과하다. 충분한 투자와 인재 확보 없이는 장기적 경쟁력을 유지하기 어렵다.

이처럼 제한된 자원과 인력으로는 AI 3대 강국으로 도약하는 목표를 독자적으로 달성하기 어렵다. 따라서 전략적 협력을 병행하는 것이 필수적이다. 독자적인 노선을 고집할 경우, AI 핵심 요소인 데이터, 알고리즘, 컴퓨팅 파워 전반에서 실패할 가능성이 크다. 전통적인 군사 동맹의 틀을 넘어 안보를 논하는 데 불편함이 있겠으나, AI 시대의 기술 안보 이슈는 새로운 의미의 제로 트러스트(Zero Trust), 즉 "아무도 믿지 말고 항상 검증하라"는 보안 원칙의 관점에서 접근할 필요가 있다. 각국을 동등한 위치에 두고 전략적 협력을 통해 국익과 안보를 동시에 지키는 것이 핵심이다.

## AI 분야 협력 기회와 한계

2024년 2월 과학기술정보통신부(과기정통부)는 국제 공동 연구 개발 협력을 위해 '글로벌 R&D 특별위원회'를 발족했다. 특별위원회는 과학기술 상위 10개국을 협력 대상으로 선정했는데, 중국도 그 안에 포함되었다. 중국은 이미 다양한 첨단 과학기술 분야에서 두각을 나타내고 있으며, 특히 AI 분야에서 세계적인 성과를 거두고 있다. 따라서 향후 추진될 양국 간 공동 연구 개발 협력은 실질적 의미가 크다(이상우, 2024b).

최근 중국은 국제 협력의 외연을 넓히려는 노력을 하고 있다. 2025년 세계 인공지능 컨퍼런스(World Artificial Intelligence Conference, WAIC)에서 리창 총리는 '세계AI협력기구' 설립을 제안하며 다자주의 실천과 글로벌 거버넌스 강화를 위한 조치임을 강조했다. 개막식 후 열린 고위급 포럼에서는 'AI의 아버지'라 불리는 제프리 힌턴(Geoffrey Hinton) 토론토대학(University of Toronto) 명예교수가 강연자로 나서 국제 공동체가 AI를 선한 방향으로 발전시켜야 한다고 제언했다(연합뉴스, 2025.7.26). 물론 컨퍼런스에서의 흐름은 미·중 패권 경쟁 속 전략적 계산이 깔린 것이지만, 동시에 협력의 물꼬를 틀 기회라는 점에서 의미가 있다.

다만 협력을 추진하기 위한 우리의 입법적 기반은 미비한 실정이다. 국제 공동 연구 관련 규정은 법령에 파편적으로 흩어져 있으며, 현재 의존하고 있는 국제 공동 연구 매뉴얼은 법적 구속력이 없어 협상 기준으로 활용하기 어렵다. 따라서 관련 법제 정비가 시급하다. 아울러 안보적 우려도 크다. 우리나라는 「형법」 개정을 통해 간첩죄 적용 대상을 확대하고 산업 기술 유출을 간첩죄로 처벌하는 방안을 논의 중인데, 이는 협력의 필수 조건인 '신뢰 구축'과 충돌할 수 있어, 법제 정비와 리스크 관리가 동시에 요구된다(이상우, 2024a).

무엇보다 중요한 것은 중국과의 협력 분위기와 국민 감정이다. 최근 혐중 콘텐츠 확산으로 왜곡된 정보가 난무하며 반중(反中) 정서가 강화되고 있는데, 이는 개인에게는 이익일지 몰라도 국가적으로는 심각한 손실이 될 수 있다. 정작 필요한 비판이 진실과 혼재되어 협력의 기회를 잃을 위험이 크다. 조선 말 쇄국 정책의 실패를 반면교사(反面教師) 삼아 단순한 배척이 아닌 '지중(知中, 중국을 제대로 아는 것)'을 바탕으로 협력과 견제를 병행해야 한다.

## 참고문헌


뉴데일리(2025.7.10). 로보락, 보안 우려에 반박… "개인정보 직접 수집하지 않고, 무단 공유 없다".

대전일보(2025.8.24). 이재명 정부, 내년도 R&D 예산안 35조 3000억원 '역대 최대'.

대한민국 정책브리핑(2025.2.25). 윤의준 위원장 "한국의 강점인 제조업과 AI 융합으로 미래산업 주도권 확보해야".

서울신문(2025.1.8). 젠슨 황 8년 만에 컴백… '피지컬 AI' 시대 예고.

연합뉴스(2024.3.1). 바이든, 中스마트카 '안보 위험' 조사 지시...中"차별적 탄압"(종합2보)".

이상우(2024a). 과학기술과 국가안보 –중국 개정 국가기밀보호법을 중심으로–. 《법학논총》.

이상우(2024b). 중국의 국제공동연구 규정에 관한 일고찰. 《중국법연구》.

파이낸셜뉴스(2025.3.22). 미국 연방통신위원회 화웨이 차이나 텔레콤 등 9개 중국 기업 조사.

Bloomberg(2024.1.31). Raimondo Warns Chinese EVs Pose National, Data Security Risks.

SBS 뉴스(2025.3.22). 미 당국, '안보 위협' 화웨이 등 8개 중

통신장비업체 조사 착수.
The New York Times(2024.2.29). Biden Calls Chinese Electric Vehicles a Security Threat.
ZDNET Korea(2025.7.31). AI 투자, 최대 50% 세금 환급…'국가전략기술' 첫 지정.

## 10
## 천하 삼분지계

진정한 AI 3대 강국으로 거듭나기 위해서는 '미국 아니면 중국'이라는 관점을 극복해야 한다. 살얼음을 밟는 여리박빙의 형국에서 당당히 우리의 입장을 주장할 수 있는 무기가 필요하다. 초고속 인터넷 통신망을 통해 IT 강국의 반열에 올라섰던 경험을 바탕으로, AI 인프라 구축과 기술 친화적인 법제를 신속히 마련해야 한다.

AI와 미래 의사?

## AI 3대 강국과 삼분지계

우리나라는 AI 3대 강국으로의 도약을 천명했다. 그러나 이것이 공허한 선언에 그치지 않으려면 무엇보다도 지피지기(知彼知己)가 필요하다. 냉정히 보건대 3대 강국 중에서 우리는 가장 약한 위치에 있을 가능성이 크다. 그럼에도 당당히 '3대 강국'의 자리를 노린다는 것은, 우리가 다른 경쟁국에 뒤지지 않을 비장의 전략적 자산을 갖추어야 한다는 뜻이기도 하다.

삼국지에서 제갈량은 천하 삼분지계(三分之計)를 제안했다. 힘이 비슷한 세 세력이 서로를 견제하면, 어느 한쪽이 압도적으로 강해지기 어려워지고 불안하면서도 균형 잡힌 안정이 유지된다. 실제로 조조(曹操)의 위(魏)는 막강한 군사력을, 손권(孫權)의 오(吳)는 풍부한 물자를 갖추고 있었다. 이에 맞서 촉(蜀)은 쉽게 침공당하지 않는 지형이라는 전략적 강점을 바탕으로 균형을 이루어 생존을 도모할 수 있었다.

마찬가지로 우리에게도 AI 시대의 촉나라가 지닌 '지형'에 해당하는 전략적 기반이 필요하다. 그것이야말로 우리가 약소국의 한계를 넘어, 세계 3대 AI 강국의 지위를 현실로 만들 수 있는 토대가 될 것이다.

## AI 인프라와 제조업

이제 미국과 중국의 현황을 살펴보자. 흔히 "중국이 미국을 많이 따라왔다"라고 하지만, 여전히 현존하는 AI 최강국은 미국이다. 데이터, 알고리즘, 컴퓨팅 파워라는 AI의 3대 핵심 요소 중 일부 지표에서는 중국이 격차를 줄였고, 논문과 특허 등에서는 이미 앞서기도 한다. 그러나 축적된 연구 역량과 혁신 생태계가 만들어 내는 작은 차이가 결국 챗GPT와 같은 돌파구를 가능하게 했다. 즉 '세상에 없는 새로운 것'을 창조하는 힘은 아직 미국의 몫이다. 반면 중국은 이를 가장 단기간에 모방 및 추격하고, 더 저렴하게 대량화한다는 점에서 AI 2대 강국의 위상을 확립하고 있다.

그렇다면 양국에는 약점이 없을까? 먼저, 미국은 경제 구조와 제조 역량의 취약성이 문제로 지적된다. 2024년 미국의 1인당 GDP는 약 8만 5000달러로, 같은 기간 한국의 약 2.36배 수준이다(2024년 한국의 1인당 GDP는 약 3만 6000달러였다). 이러한 고소득 경제 구조에서는 인력이 직접 물건을 생산하는 제조업이 경쟁력을 갖기 어렵다. 실제로 한국도 1960~1970년대 섬유 산업으로 성장했지만, 소득 수준이 오르자 생산 기지가 동남아로 이전했던 경험이 있다. 미국 역시 설계 · 디자인은 실리콘밸리 기업들이 담당하지만, 실제 제조는 중국이나 제3국에서 이루어진다. 미국이 추진하고 있는 리쇼어링(reshoring, 제조업의 본국 회귀)은 정치적 의지와 별개로 현재 경제적·사회적 구조의 한계 때문에 성과를 내기 쉽지 않다(휴머노이드 로봇을 제조 현장에 투입한다는 구상도 있지만, 일부 영역에서만 가능하며 단기간 내 가시적인 효과를 기대하기는 어렵다).

반면 중국의 가장 큰 약점은 반도체다. AI 인프라의 핵심인 고성능 반도체 확보가 제한되어 있으며, 이는 미국의 대(對)중국 수출 규제와 기술 봉쇄로 인해 더욱 심화되고 있다. 현재 세계 반도체 제조를 선도하는 국가는 대만의 TSMC와 한국이다. 그러나 대만은 정치적·안보적 불안정성으로 인해 미국과 긴밀히 협력할 수밖에 없는 구조에 놓여 있다. 이러한 상황에서 한국은 중국 입장에서 가장 유력한 협력 파트너가 될 수 있다. 결국 반도체 제조 역량은 한국이 세계 AI 질서 속에서 전략적 균형을 형성할 수 있는 핵심 기반이라 할 수 있다.

## 국가의 역할

국가는 개인이나 기업이 수행할 수 없는 역할을 담당해야 한다. 과기정통부 거대공공연구정책관에서 담당하는 원자력과 우주항공이 대표적이다(현재는 우주항공청이 신설되어 우주 관련 일부 조직은 우주항공청으로 이관되었다). AI 분야 역시 국가가 적극적으로 나서야 하는 영역이다.

국가 AI 경쟁력을 확보하려면 GPU 확보와 대규모 데이터센터 구축이 필수적이다. 대규모 언어 모델(LLM)을 개발하는 오픈AI나 메타는 엔비디아의 H100(고성능 GPU)을 수십만 장 보유하고 있는 것으로 알려져 있다. 반면 우리나라는 불과 2000장가량 보유하고 있다. GPU는 모든 국가가 원하는 자원으로, 정부는 우리나라의 반도체 제조 역량을 레버리지로 활용하여 협상 우위를 확보할 필요가 있다. 미국 역시 GPU를 직접 생산하지 못하기 때문에, 우리의 제조 역량은 전략적 협상의 핵심 카드가 될 수 있으며 이 카드를 효과적으로 활용할 수 있는 주체는 국가가 되어야 할 것이다[2025년 미국과의 관세 협상에서 타결의 지렛대 역할을 한 것이 우리나라 조선업 역량을 기반으로 한 '미국 조선업 재건 프로젝트(Make American Shipbuilding Great Again, MASGA)'였음을 상기해 볼 필요가 있다].

또한 GPU는 전력 소모가 크기 때문에 안정적인 전력 공급이 필수적이며, 이를 위한 인프라 구축도 국가가 주도해야 한다. 국제사회가 요구하는 RE100(Renewable Energy 100, 기업의 사용 전력을 재생에너지 100퍼센트로 바꾸겠다는 캠페인) 등 기준을 충족하고 장기적으로 안정적인 전력 수급을 확보할 수 있다. 신재생 에너지 개발과 소형 모듈식 원자로(Small Modular Reactor, SMR) 활용 등 다양한 방안을 통해 AI 인프라 구축에 필요한 전력을 안정적으로 공급해야 한다.

역사적으로도 국가는 경제 발전에 결정적 역할을 해왔다. 1965년 '한일협정'으로 차관을 도입해 건설된 경부고속도로는 현대자동차가 달릴 수 있는 환경을 제공했고, 포항제철은 조선업 성장의 기반이 되었다. 1998년부터 본격적으로 추진된 초고속 인터넷망 구축 사업은 지금의 네이버와 카카오 등의 성장 밑거름이 되었다. AI 분야에서도 마찬가지다. 기업 단위로는 M7 정도만 도전해 볼 수 있다고 여겨졌던 AI 인프라 구축을 국가 차원에서 추진한다면 국제적 인재 유치와 AI 생태계 육성, 스타트업 활성화가 가능하다.

다만 기회의 시간은 짧다. 1945년 미국이 세계 최초로 핵무기를 개발한 이후, 1970년 '핵 확산 금지 조약(Nuclear Non-Proliferation Treaty, NPT)' 발효로 새로운 핵 개발은 금지되었다. 4차 산업혁명 시대에 도태되지 않기 위해서는, 국가 차원의 AI 경쟁력을 확보하기 위한 신속한 결단과 실행이 반드시 필요하다.

## 입법적 지원

국가가 주도적 역할을 택했다고 해서 모든 것이 끝나는 것은 아니다. 정부 정책을 뒷받침하려면 입법이 필수적이다. 다행히 우리나라는 세계 두 번째로 「인공지능 발전과 신뢰 기반 조성 등에 관한 기본법」, 소위 「AI 기본법」을 제정해 정책 추진의 법적 근거를 마련했다. 그러나 2026년 시행을 앞둔 이 법은 많은 조항을 하위 법령에 위임하고 있어 '진흥법'이 아닌 '규제법'으로 변질될 위험이 있다. 특히 '고영향 인공지능'에 대해 단일 부처가 일괄 규제를 적용하는 '수평 규제 체계'는 문제로 지적된다 (박상철, 2024).

따라서 단기적으로는 마련 중인 가이드라인에서 중복 · 과잉 규제를 최소화해야 한다. 초기 단계부터 과도한 규제가 적용되면 산업 동력이 약화될 수 있기 때문이다. 중 · 장기적으로는 「AI 기본법」을 명확히 '진흥법'으로 자리매김할 필요가 있다. 즉 데이터 3법, 「개인정보보호법」, 「정보통신망법」, 「신용정보법」은 개인정보와 데이터의 활용을 규율하고, 「AI 기본법」은 산업 지원과 진흥에 집중하는 것이 바람직하다(이상우, 2025).

둘째, 정부는 공공기관을 중심으로 대규모 학습용 데이터베이스를 구축·개방해야 한다. 민간은 데이터와 개인정보의 유출·침해 우려로 공유에 소극적일 수밖에 없다. 따라서 국가 주도로 공공 데이터 허브를 조성하고, 인터넷 공개 자료 등 텍스트 데이터에서부터 음성, 영상 등 복합 데이터까지 확장하는 제공하는 것이 필요하다. 이를 통해 개인과 기업은 안정적으로 AI 학습 자원을 확보함과 동시에 법적 불확실성도 낮출 수 있다(김병필, 2025.8.18).

중국도 유사한 과제를 안고 있다. 강력한 데이터 보안 체계를 갖추고도 데이터 활용이 AI 경쟁력의 핵심임을 인식해 제도를 정비 중이다. 특히 '데이터 20조'를 통해 재산권을 단순한 '소유'가 아닌 순환·재사용 촉진 개념으로 전환한 점은 주목할 만하다(이상우, 2024). 이처럼 현행법상 데이터 보안과 개인정보 보호의 기본 원칙을 유지하면서도 AI 학습 데이터 확보를 위한 입법적 뒷받침이 필요하다. 나아가 국제적 데이터 흐름을 고려해 한·중 간 공동 입법 논의가 병행된다면 더 큰 시너지를 기대할 수 있을 것이다.

## 소버린 AI의 길

딥시크 사례를 통해 우리나라가 AI 3대 강국으로 발돋움하기 위한 몇 가지 실마리를 모색하고자 했다. 집필 과정에서 필자의 부족함을 절감했으나, 이 논의가 우리나라가 진정한 AI 3대 강국으로 도약하는 길에 작은 보탬이 된다면 그 자체로 의의를 가진다고 생각한다. 이러한 소망을 담아 글을 맺는다.

### 참고문헌


김병필(2025.8.18). AI 학습 데이터, 특례법이 필요한 이유. 《중앙일보》.

박상철(2024). 인공지능 기본법의 시행 전 개정 필요성-규제 조항의 체계·축조상 문제점을 중심으로-. 《정보법학》.

이상우(2024). AI 시대, 중국 데이터 정책 동향의 이해. 《CSF》.

이상우(2025). 중국의 인공지능·데이터 입법 동향과 시사점. 《동북아법연구》.

ZDNET Korea(2024.5.26). 과기정통부 연구개발정책실 조직개편…임무 지향형 등에 방점.

**이상우**

인하대학교 AI·데이터법학과 초빙교수 겸 AI·데이터법센터 부센터장, KAIST 문술미래전략대학원 겸직교수다. 고려대학교 전기전자전파공학부를 졸업했다. 칭화대학 로스쿨에서 석사 학위를, 중국정법대학에서 EU GDPR의 역외 적용에 관한 연구로 박사학위를 받았다. 삼성전자 반도체연구소 선임연구원으로 근무했고, 인하대학교 법학전문대학원, 경희대학교 법무대학원, 숭실대학교 정보사회학과에서 강의했다. 한중법학회와 지식재산포럼의 사무총장, 한국국제사법학회 국제이사로 활동하고 있다. AI·데이터법, 중국법, 지식재산권법이 주된 연구 분야다. 저서로 《AI와 중국 법》(2025), 《인공지능법 2》(공저, 2025), 《인공지능법 총론》(공저, 2023), 《중국 비즈니스와 법》(공저, 2023), 《데이터법》(공저, 2022) 등이 있으며, 《데이터법의 신지평》(공저, 2023)은 2024년 대한민국학술원 우수학술도서에 선정되었다. "중국 국가데이터국 신설 의의와 시사점"(2023) 등 20편 이상의 논문을 등재학술지에 게재했다.